Popcorn Royal

CAROL BECKERMAN

Popcorn Royal

Süße und herzhafte Snacks
für die Party

ISBN: 978-3-572-08125-7

Alle Rechte der deutschsprachigen Ausgabe bei
© 2014 by Bassermann Inspiration, einem Unternehmen der Verlagsgruppe
Random House GmbH, 81673 München
Copyright © 2013 by Quintet Publishing Ltd.

Erstveröffentlicht bei Apple Press, 7 Greenland Street, London NW1 0ND, United Kingdom
Originaltitel: Popcorn!

Umschlaggestaltung: Atelier Versen, Bad Aibling
Fotograf: Adrian Lawrence
Foodstylist: Sue Henderson
Layout: Allen Boe, listeningbear.com

Realisation der deutschen Ausgabe: trans texas publishing, Köln
Übersetzung: Lisa Voges, Ravensburg
Projektleitung: Anja Halveland

Die Ratschläge in diesem Buch sind von der Autorin und vom Verlag sorgfältig erwogen und geprüft,
dennoch kann eine Garantie nicht übernommen werden. Eine Haftung der Autorin bzw. des Verlags
und seiner Beauftragten für Personen-, Sach- und Vermögensschäden ist ausgeschlossen.

Satz: trans texas publishing, Köln
Druck: 1010 Printing International

Printed in China

MIX
Paper from
responsible sources
FSC® C016973

Verlagsgruppe Random House FSC® N001967
Das für dieses Buch verwendete Papier ist FSC®-zertifiziert.

817 2635 4453 6271

INHALT

EINLEITUNG

EINE KURZE GESCHICHTE DES POPCORNS

In Nordamerika war Popcorn schon vor mehreren tausend Jahren bekannt: 1948 und 1950 wurden in einer Höhle in New Mexico, der Bat Cave, Maiskolben gefunden, die vermutlich mindestens 4000 Jahre alt sind. Einige der Maiskörner waren bis zu 5 cm groß.

Schon die Ureinwohner Nordamerikas bauten ein Getreide an, das sie „Mahiz" nannten (wovon sich auch die deutsche Bezeichnung „Mais" ableitet). So lernten die ersten englischen Siedler im 17. Jahrhundert erstmals dieses heute allseits beliebte Getreide kennen. Man nimmt an, dass die Ureinwohner eher durch Zufall entdeckt hatten, dass Maiskörner puffen, wenn man sie ins Feuer wirft oder in den heißen Sand legt. Zu jenen frühen Zeiten war Mais nicht nur ein wertvolles Nahrungsmittel, sondern die Körner wurden von der nordamerikanischen Urbevölkerung und den Azteken bei rituellen Tänzen auch als Kettenschmuck für Frauen verwendet.

Nach der Einführung des modernen Sturzpflugs in den USA Mitte des 19. Jahrhunderts nahm der Maisanbau stark zu, was zuletzt auch dazu führte, dass das Puffen von Mais immer beliebter wurde. Popcorn wurde auf Jahrmärkten verkauft und war in allen Supermärkten erhältlich. Nach der Erfindung des Tonfilms war der Popcornverkauf in den Kinos zunächst untersagt, weil es zu viel Schmutz verursachte. Also brachten die Kinogäste ihr eigenes, auf der Straße gekauftes Popcorn mit. Daraufhin lenkten die Kinobetreiber schnell ein und hatten bald ihre eigenen Popcornstände.

Während der Großen Depression Anfang der 1930er-Jahre war Popcorn eines der wenigen Vergnügen, die sich auch der kleine Mann leisten konnte, denn eine Tüte Popcorn war mit fünf oder zehn Cent immer noch sehr günstig. Während viele Unternehmen Pleite machten, blühte das Popcorngeschäft auf. Als die USA in den Zweiten Weltkrieg eintraten, wurden große Zuckermengen für die US-Truppen in Übersee verschickt, sodass Süßwaren in der Heimat knapp wurden; im Gegenzug verdreifachte sich der Popcornverzehr. Später, als das Fernsehen seinen Siegeszug antrat, ging der Popcornkonsum kurzzeitig zurück, da die Kinosäle nicht mehr so voll waren und die Amerikaner zu Hause vor dem Fernseher blieben. Aber auch auf dem heimischen Sofa wurde bald Popcorn geknabbert, und die Absatzmengen stabilisierten sich rasch wieder.

Popcorn wurde immer beliebter, und heute ist der Knabberspaß nicht mehr wegzudenken. Menschen jeden Alters lieben Popcorn.

PUFFEN MACHT SPASS

Das Faszinierende an Popcorn ist, dass aus so wenig so viel wird. Bereits 100 g Maiskörner reichen für zwei große Portionen Popcorn.

Der Duft von puffenden Maiskörnern zieht Jung und Alt gleichermaßen an und weckt die Knabberlust. Popcorn macht viele Dinge einfach noch unterhaltsamer, und fast jeder liebt das gepuffte Getreide: Fernsehabende sind lustiger und Kinofilme spannender. Und wenn Sie auf einer Party schnell Leute kennenlernen wollen, gehen Sie einfach mit einer Schüssel frischem Popcorn durch den Raum. Aber wie wird Mais überhaupt zu Popcorn?

Vereinfacht erklärt, puffen Maiskörner, weil die äußere Schale hart und das Innere stärke- und wasserhaltig ist. Werden die Körner erhitzt, bildet sich im Inneren Wasserdampf, der den Innendruck immer weiter ansteigen lässt, bis die Schale schließlich aufplatzt und die Stärke sich ausbreitet. Es gibt aber auch immer ein paar Körner, die nicht aufplatzen. Diese „alten Jungfern" sollten sehr sorgfältig aussortiert werden. Ihre Familie, Freunde und Zähne werden es Ihnen danken.

Gepuffte Maiskörner können auf verschiedenste Arten geknabbert werden: Ohne Butter, Salz oder Zucker sind sie ein überaus gesunder fett-, zucker- und kalorienarmer

Snack. Auch mit etwas Olivenöl, Gewürzen und Kräutern ist Popcorn noch immer sehr gesund, da die ungesättigten Fettsäuren des Öls nicht das Schlechteste für Ihre Gesundheit sind. Sobald aber Zutaten wie Butter, Zucker oder Schokolade ins Spiel kommen, schnellt der Fett- und Kaloriengehalt natürlich deutlich nach oben, aber dafür schmeckt das Popcorn dann auch so lecker.

Man kann gepuffte Maiskörner mahlen und so – grobes oder feines – Maismehl herstellen, das man dann zum Backen von Muffins, Brownies oder Tortillas und zum Panieren von Hähnchen oder Fischfilets verwenden kann. Das Tollste daran ist, dass man eine semmelbröselartige Masse hat, die auch noch glutenfrei ist und somit ideal geeignet ist für Menschen mit Weizen- oder Glutenintoleranz.

PUFFTECHNIKEN

Popcorn kann auf verschiedene Weise hergestellt werden: in der Mikrowelle, auf dem Herd oder in einem elektrischen Popcornautomaten mit Heißluft. Nicht geeignet hingegen ist ein normaler Backofen mit Ober- und Unterhitze. Die verschiedenen Techniken führen auch zu leicht unterschiedlichen Popcornmengen.

Für die meisten Rezepte in diesem Band werden 100 g Popcornmais verwendet, aus denen sich zwei mittlere Portionen Popcorn gewinnen lassen. Doch ist diese Angabe nicht entscheidend.

Wenn Sie Ihr Popcorn nur mit Salz und Butter genießen möchten, geben Sie das Salz vor dem Puffen dazu (außer bei Verwendung eines Popcornautomaten) und die Butter danach. Wenn Sie eines der Rezepte aus diesem Buch zubereiten wollen, dann müssen Sie Salz und Butter erst einmal weglassen.

MIKROWELLE

Bei dieser Technik sollte ein mikrowellengeeigneter Papierbeutel verwendet werden. Ungebleichte braune Papiertüten sind in der Regel nicht zu empfehlen. Wenn Sie ein Rezept aus diesem Band nachmachen, bereiten Sie die Popcornmenge wie in der rechten Spalte beschrieben zweimal zu, um eine ausreichend große Portion zu erhalten, und lassen Sie Öl und Salz weg.

50 g Popcornmais
½ TL Olivenöl
½ TL Salz

Die Maiskörner mit Olivenöl und Salz in einen Papierbeutel geben. Die Beutelöffnung zweimal umfalten und den Beutel aufrecht in die Mikrowelle stellen. Falls das nicht möglich ist, den Beutel legen. Bei starker Wattzahl garen, bis nur noch wenige Körner pro Sekunde platzen. Den Beutel aus der Mikrowelle nehmen. Vorsicht beim Öffnen des Beutels: Es tritt heißer Dampf aus. Das Popcorn in eine Schüssel füllen und gegebenenfalls noch nachwürzen.

HERD

Um Mais auf dem Herd zu puffen, benötigen Sie einen großen Topf mit Deckel und ein hoch erhitzbares Fett, vorzugsweise Kokosfett, Oliven-, Erdnuss- oder Rapsöl. Butter kann leicht verbrennen und ist deshalb ungeeignet.

3 EL ÖL
75 g Popcornmais

Für diese Maismenge ist ein Topf mit 3 l Inhalt ausreichend. Das Öl in den Topf geben und auf mittlerer bis hoher Stufe erhitzen. 3–4 Maiskörner ins Öl geben und den Deckel aufsetzen. Wenn die Körner puffen, die restlichen Körner in einer gleichmäßigen Schicht auf dem Topfboden verteilen. Mit Salz bestreuen. Den Deckel aufsetzen und den Topf 30 Sekunden vom Herd nehmen. Dadurch wird das Öl auf die richtige Temperatur gebracht, und alle Maiskörner puffen zur gleichen Zeit.

Den Topf wieder auf den Herd setzen. Die Körner sollten kurz darauf alle etwa gleichzeitig platzen. Dann den Topf leicht auf der Herdplatte rütteln. Den Deckel kurz anheben, damit der Dampf entweichen kann. Dadurch wird das Popcorn trockener und knuspriger. Wenn man nur noch alle paar Sekunden Maiskörner platzen hört, den Topf vom Herd nehmen, den Deckel abnehmen und das Popcorn in eine Schüssel füllen.

Bei dieser Technik sollten fast alle Körner puffen und nicht anbrennen.

POPCORNAUTOMAT

75 g Popcornmais

Die einfachste und schnellste Art der Popcornzubereitung. Folgen Sie der Bedienungsanleitung des Herstellers. Fertiges Popcorn kommt aus dem Automaten in eine daruntergestellte Schüssel. Oft wird das fertige Popcorn geradezu herausgeschleudert. Legen Sie deshalb ein sauberes Geschirrtuch über Automat und Schüssel, damit das Popcorn nicht in der ganzen Küche umherfliegt.

POPCORN IN DEN REZEPTEN

In vielen der folgenden Rezepte wird fertig gepuffter Mais mit anderen Zutaten gemischt. Gehen Sie dabei vorsichtig vor, damit das Popcorn nicht zerdrückt wird, denn gepuffter Mais ist empfindlich. Verwenden Sie immer eine ausreichend große Schüssel, damit sich die Zutaten bequem vermengen lassen.

Schüssel und Kochlöffel oder Teigschaber sollten zunächst dünn eingefettet werden. So lassen sich die Zutaten leichter mischen und bleiben nicht an der Schüssel oder dem Kochlöffel kleben, vor allem wenn das Popcorn mit einem Sirup oder Karamell überzogen werden soll. Vorteilhaft ist außerdem, die Schüssel vorzuwärmen und das Popcorn im Ofen auf kleiner Stufe warm zu halten. Der Sirup oder Karamell härtet dann nicht so schnell aus und kann besser unter das Popcorn gemischt werden. Das

Gleiche gilt für die Zubereitung von Popcornkugeln. Fetten Sie Ihre Hände vorher ein, damit die Masse nicht daran kleben bleibt.

Bei einigen Rezepten wird das Popcorn abschließend im Ofen gebacken. Dies geschieht meist mit Olivenöl oder Butter und bewirkt, dass das Popcorn knuspriger, besser überzogen und aromatischer wird. Popcorn in Backformen zu drücken geht leichter, wenn Sie einen eingefetteten Kartoffelstampfer, Wachspapier, eingefettete Hände oder den geölten Rücken eines Kochlöffels verwenden.

Lagern Sie Ihr Popcorn in einem luftdichten Behälter, so hält es sich etwa eine Woche, aber nicht im Kühlschrank, da es aufweicht. Wenn Ihr Popcorn weich wird, können Sie es 5 Minuten bei 130 °C im Ofen aufbacken.

ZUTATEN

Manche bevorzugen beim Popcornmais eine bestimmte Marke. Ich nicht. Als ich die Rezepte ausprobiert habe, habe ich verschiedene Marken verwendet und mit allen gleich gute Ergebnisse erzielt.

Wenn nicht anders angegeben, wird für alle Rezepte gesalzene Butter verwendet.

Wenn nicht anders angegeben, wird für alle Rezepte Kristallzucker verwendet.

Wie Sie Ihr Popcorn salzen, hängt von Ihrem Geschmack und Ihren Vorlieben ab. Grobes Meersalz verleiht dem Popcorn ein volleres Aroma auf der Zunge, während sich Tafelsalz gleichmäßiger auf dem Popcorn verteilt.

WEITERE ZUTATEN

ZUCKERSIRUP UND KARAMELL

Wenn Sie bei der Herstellung von Zuckersirup oder Karamell ein Zuckerthermometer verwenden, sollten Sie es an den Topfrand klemmen und nicht in den Topf stellen, da es sonst den Topfboden berührt und das Messergebnis verfälscht. Bei der Herstellung von Karamell darf der Zuckersirup nicht gerührt werden, bis die erforderliche Temperatur erreicht ist und aus dem Sirup Karamell wird.

GLUKOSESIRUP

Glukose ist die chemische Bezeichnung für Traubenzucker und wird in vielen Rezepten verwendet. Der Sirup hat die Eigenschaft, dass er nicht kristallisiert und sehr zähflüssig ist, sodass er sich sehr gut für die Popcornherstellung eignet. Allerdings ist er in haushaltsüblichen Mengen sehr teuer, etwas günstiger nur im Internetversandhandel erhältlich. Hier ein Rezept, wie Sie ihn ganz einfach selbst herstellen können:

150 ml Wasser
250 g Traubenzucker
½ TL Zitronensäure
½ TL Natron

Das Wasser in einen großen Topf geben und Zucker und Zitronensäure darin auflösen. Langsam auf mittlerer Stufe unter ständigem Rühren zum Kochen bringen. Den Sirup köcheln, bis das Zuckerthermometer 108–110 °C anzeigt. Dann ganz vorsichtig das Natron einrühren, denn durch die Zugabe des Natrons steigt das Volumen der Zutaten im Topf kurzzeitig um das Vierfache an. Den Sirup noch heiß in sterilisierte Gläser abfüllen.

KOKOSNUSS

Verlangt ein Rezept geröstete Kokosraspel, verteilen Sie die Kokosraspel gleichmäßig auf einem Backblech und geben Sie sie 3–5 Minuten bei 180 °C in den Ofen. Lassen Sie die Kokosraspel nicht aus den Augen, damit sie nicht zu dunkel werden. Sobald die Raspel eine goldgelbe Farbe haben, aus dem Ofen nehmen und erkalten lassen.

GERÖSTETE NÜSSE

Nüsse werden zum Rösten in einer Schicht auf ein Backblech gegeben und 10–15 Minuten im 180 °C heißen Ofen unter gelegentlichem Wenden geröstet. Geben Sie acht, dass die Nüsse nicht zu dunkel werden oder verbrennen. Lassen Sie sie danach abkühlen. Alternativ können Nüsse auch in einer Pfanne auf mittlerer Stufe etwa 5 Minuten trocken geröstet werden, bis sie goldbraun sind. Zum Abkühlen auf einen Teller geben.

SCHOKOLADE

Zum Schmelzen wird Schokolade in eine hitzebeständige Schüssel gegeben, die auf einen Topf mit köchelndem Wasser gesetzt wird. Achten Sie darauf, dass der Schüsselboden nicht im Wasser steht. Ist die Schokolade geschmolzen, wird die Schüssel vom Wasserbad genommen und die Schokolade glatt gerührt. Sie kann sofort verwendet oder bei Bedarf etwas abgekühlt werden.

PAPIERSPRITZTÜTEN

Zum Überziehen und Beträufeln von Popcorn können Papierspritztüten verwendet werden. Dazu ein quadratisches Stück beschichtetes Backpapier mit 20 cm Kantenlänge diagonal falten. An der Faltlinie in zwei Dreiecke schneiden. Die Dreiecke zu Kegeln aufrollen und entweder mit Klammern fixieren bzw. tackern oder den oberen Rand nach innen falten. Die Tüte mit Zuckerguss oder Schokolade füllen und das obere Ende gut zudrehen, bevor man mit dem Spritzen beginnt. Unten mit einer Schere eine kleine Spitze abschneiden. Die Größe der Öffnung bestimmt, wie dick die gespritzte Linie wird.

HILFREICHE UTENSILIEN

Die genannten Utensilien sind nicht für alle Rezepte erforderlich, aber für die etwas aufwendigeren sollten Sie Folgendes griffbereit haben:

Große Bratformen

Backbleche

Kuchenformen

Holzlöffel oder Silikonschaber

Schneebesen

Zuckerthermometer

Verschieden große Glas- und Servierschüsseln

Großer Topf mit Deckel

Backpapier

Kapitel 1

SNACKS UND APPETITHÄPPCHEN

KNOBLAUCH-THYMIAN-POPCORN MIT WEISSEM PFEFFER

Dieses Popcorn muss 48 Stunden vor dem Servieren vorbereitet werden, da die Maiskörner noch in Knoblauchöl ziehen müssen, bevor sie im Topf gepufft werden.

ZUTATEN

- 240 g natives Olivenöl extra
- 100 g Popcornmais
- 2 Knoblauchzehen, zerdrückt
- 8 Zweige frischer Thymian
- 1½ TL Salz
- 2 TL frisch gemahlener schwarzer Pfeffer
- 2 TL Knoblauchpulver
- 2 EL frische Thymianblätter

ZUBEREITUNG

Das Öl in einem Topf etwa 3 Minuten auf mittlerer Stufe erhitzen. Vom Herd nehmen und mit Maiskörnern, Knoblauch, Thymianzweigen und 1 Teelöffel Salz in einer Schüssel vermengen. Abgedeckt 48 Stunden bei Zimmertemperatur ziehen lassen.

Die Maiskörner in einem feinen Haarsieb abtropfen lassen und das Öl auffangen. Knoblauch und Thymian entfernen. 3 Esslöffel des aufgefangenen Öls mit den Maiskörnern in einen großen Topf geben und den Deckel aufsetzen. Bei starker Hitze etwa 4 Minuten unter häufigem Topfrütteln garen, bis nur noch alle paar Sekunden 2–3 Körner platzen. Den Topf vom Herd nehmen und 2 Minuten stehen lassen, bis keine Körner mehr platzen. Das Popcorn in eine Schüssel geben. Restliches Salz, Pfeffer, Knoblauchpulver, Thymianblätter und 4–5 Esslöffel Knoblauchöl vorsichtig untermischen. Sofort servieren oder abkühlen lassen. Hält sich bis zu 5 Tage.

Ergibt 2 mittlere Portionen.

ROSMARINPOPCORN MIT PINIENKERNEN

Bei diesem Rezept müssen die Maiskörner erst 48 Stunden in duftendem Rosmarinöl ziehen. Nach dem Puffen werden sie etwa 15 Minuten im Ofen gebacken, damit sich der volle Rosmarinduft entfaltet.

ZUTATEN

- 240 ml natives Olivenöl extra
- 100 g Popcornmais
- 10 Rosmarinzweige (15 cm lang), in 5 cm große Stücke geschnitten
- 1½ TL Salz
- 60 g Pinienkerne
- 2 EL grob gehackte frische Rosmarinnadeln

ZUBEREITUNG

Das Öl in einem Topf etwa 3 Minuten auf mittlerer Stufe erhitzen. Mit Maiskörnern, Rosmarinzweigstücken und 1 Teelöffel Salz in einer Schüssel vermengen. Abgedeckt 48 Stunden bei Zimmertemperatur ziehen lassen.

Den Backofen auf 140 °C vorheizen. Die Maiskörner in einem Haarsieb abtropfen lassen und das Öl auffangen. Den Rosmarin entfernen. 3 Esslöffel des Öls zusammen mit den Maiskörnern in einen Topf geben und den Deckel aufsetzen. Bei starker Hitze etwa 4 Minuten unter häufigem Topfrütteln garen, bis nur noch alle paar Sekunden 2–3 Körner platzen. Den Topf vom Herd nehmen und 2 Minuten stehen lassen, bis keine Körner mehr puffen. Das Popcorn in eine große Schüssel geben. Restliches Salz, Pinienkerne, gehackten Rosmarin und 4–5 Esslöffel des Rosmarinöls vorsichtig untermischen. Auf einem oder zwei Backblechen verteilen und im vorgeheizten Ofen etwa 15 Minuten backen. Sofort servieren.

Ergibt 2 mittlere Portionen.

ZITRONEN-BASILIKUM-POPCORN

Zitrone und Basilikum sind eine tolle geschmackliche Kombination. Anstelle der frischen Zitronenschale können Sie auch Zitronenpfeffer verwenden.

ZUTATEN

- 75 g gesalzene Butter
- 2 TL getrocknetes Basilikum
- 1 TL frisch abgeriebene Zitronenschale
- 2 Portionen fertiges Popcorn (s. Seite 7/8)
- ½ TL Salz

ZUBEREITUNG

Die Butter in einem Topf zerlassen. Basilikum und Zitronenschale unterrühren. Den Topf vom Herd nehmen. Die Butter etwas abkühlen lassen.

Den Backofen auf 140 °C vorheizen. Das Popcorn in eine große Schüssel geben, mit der Buttermischung überziehen und alles vorsichtig und sorgfältig vermengen. Auf einem oder zwei Backblechen verteilen und im vorgeheizten Ofen 15 Minuten backen. Aus dem Ofen nehmen und mit dem Salz bestreuen. Warm servieren oder abkühlen lassen.

Ergibt 2 mittlere Portionen.

PARMESANPOPCORN MIT KNOBLAUCHÖL

Wer es noch würziger mag, kann anstelle von Parmesan auch Pecorino,
einen würzigen italienischen Hartkäse aus Schafsmilch, verwenden.

ZUTATEN

- 2 EL natives Olivenöl extra
- 3 Knoblauchzehen, zerdrückt
- 2 Portionen fertiges Popcorn
  (s. Seite 7/8)
- 50 g Parmesan, fein gerieben
- ½ TL Salz
- frisch gemahlener schwarzer Pfeffer

ZUBEREITUNG

Das Öl mit dem Knoblauch in einem kleinen Topf 5 Minuten auf mittlerer Stufe erhitzen. Den Topf vom Herd nehmen und das Öl 1–12 Stunden ziehen lassen. Das Öl auf mittlerer Stufe nochmals erhitzen, dann den Knoblauch entfernen.

Den Backofen auf 140 °C vorheizen. Das Popcorn in eine große Schüssel geben und mit Öl, Käse, Salz und Pfeffer vorsichtig und sorgfältig vermengen. Das Popcorn auf einem oder zwei Backblechen verteilen und im vorgeheizten Ofen 15 Minuten backen. Warm oder kalt servieren.

Ergibt 2 mittlere Portionen.

TIPP

Käseliebhaber können auch verschiedene Pecorino-Sorten ausprobieren: Pecorino Romano (würzig und salzig), Pecorino Toscano (milder, cremig) oder andere regionale Pecorino-Varianten (erhältlich an gut sortierten Käsetheken oder im Feinkostladen).

MAMAS ITALIENISCHES POPCORN

Die wunderbare Mischung aus mediterranen Kräutern und Knoblauch mit einer gewissen Chilischärfe kann auch als Dip für italienisches Brot verwendet werden, dann im Verhältnis 2 Teelöffel Kräutermischung auf 3 Esslöffel Olivenöl.

ZUTATEN

- 75 g gesalzene Butter oder Margarine
- 1 TL zerstoßene getrocknete Chiliflocken
- 1 TL frisch gemahlener schwarzer Pfeffer
- 1 TL getrockneter Oregano
- 1 TL getrockneter Rosmarin
- 1 TL getrocknetes Basilikum
- 1 TL getrocknete Petersilie
- 1 TL Knoblauchpulver
- 1 TL Salz
- 2 Portionen fertiges Popcorn (s. Seite 7/8)

ZUBEREITUNG

Butter oder Margarine in einem Topf auf kleiner Stufe zerlassen. Chiliflocken, Pfeffer, Kräuter, Knoblauchpulver und Salz unterrühren. Den Topf vom Herd nehmen und die Butter etwas abkühlen lassen.

Den Backofen auf 140 °C vorheizen. Das Popcorn in eine große Schüssel geben, mit der Kräuterbutter überziehen und alles vorsichtig und sorgfältig vermengen. Auf einem oder zwei Backblechen verteilen und im vorgeheizten Ofen 15 Minuten backen. Warm servieren oder abkühlen lassen.

Ergibt 2 mittlere Portionen.

TIPP

Sie können die Kräuter- und Gewürzmengen nach Ihrem Geschmack etwas variieren, doch sollten Sie sicherstellen, dass die Mischung aus Kräutern, Salz und Schärfe ausgeglichen ist.

POPCORN MIT TOMATEN UND BASILIKUM

*Sonnengetrocknete Tomaten und Basilikum verleihen diesem Popcorn
nicht nur Farbe, sondern vor allem auch ganz viel Aroma.*

ZUTATEN

- 3 EL Pflanzenöl
- 100 g Popcornmais
- 2 Knoblauchzehen, geschält
- 1½ EL Olivenöl
- 50 g Parmesan, fein gerieben
- ½ TL Salz
- 1 Handvoll frische Basilikumblätter, fein gehackt
- 6 sonnengetrocknete Tomaten in Öl, abgetropft und fein gehackt
- 1 EL Öl der sonnengetrockneten Tomaten

ZUBEREITUNG

Den Backofen auf 130 °C vorheizen.

Öl, Maiskörner und Knoblauch in einen großen Topf geben und den Deckel aufsetzen. Auf hoher Stufe etwa 4 Minuten unter häufigem Topfrütteln erhitzen, bis nur noch alle paar Sekunden 2–3 Körner platzen. Den Topf vom Herd nehmen und 2 Minuten stehen lassen, bis keine Körner mehr platzen. Das Popcorn in eine große Schüssel geben. Den Knoblauch entfernen. Olivenöl, Käse, Salz, Basilikum, Tomaten und Tomatenöl vorsichtig untermischen. Das Popcorn auf einem oder zwei Backblechen verteilen und im vorgeheizten Ofen 40 Minuten backen. Warm servieren oder abkühlen lassen.

Ergibt 2 mittlere Portionen.

TIPP

Zu getrockneten Tomaten passen auch Kräuter wie Petersilie oder Oregano – experimentieren Sie also ruhig ein bisschen.

KARIBISCHES POPCORN

*Diese pikante Gewürzmischung aus karibischen Aromen können Sie
ganz individuell Ihrem persönlichen Geschmack anpassen.*

ZUTATEN

Karibische Gewürzmischung
- 2 EL gemahlene Kurkuma
- 1 EL gemahlener Koriander
- 1½ TL gemahlener Kreuzkümmel
- 1½ TL Zimt
- 1 TL gemahlener Ingwer
- 1 TL Knoblauchpulver
- ½ TL frisch gemahlener schwarzer Pfeffer
- ¼ TL gemahlene Gewürznelken

- 3 EL zerlassene gesalzene Butter
- 2 Portionen fertiges warmes Popcorn
  (s. Seite 7/8)
- grobes Meersalz, zum Abschmecken

ZUBEREITUNG

Für die Gewürzmischung alle Zutaten in einer Schale mischen.

Eine große Servierschüssel dünn mit zerlassener Butter einfetten.
3–4 Tassen warmes Popcorn in die Schüssel geben und mit etwas
Butter beträufeln. Mit einem Viertel der Gewürzmischung und
etwas Meersalz bestreuen. So fortfahren, bis Popcorn und Gewürze
aufgebraucht sind. Sofort servieren.

Ergibt 2 mittlere Portionen.

TIPP

Die karibische Küche verfügt über eine unglaubliche Gewürz- und
Aromenvielfalt, die aus den verschiedensten Kulturkreisen stam-
men. Diese Mischung kann auch für gebratene Kochbananen,
Kichererbsen oder gefriergetrocknete tropische Früchte verwendet
werden.

KIRMESPOPCORN

Zu diesem Rezept hat mich meine Tochter inspiriert, die mir von dem Popcorn vorgeschwärmt hat, das sie auf einer Kirmes probiert hatte. Es muss so gut gewesen sein, dass die Leute davon Tüten so groß wie ihre Kinder gekauft haben. Die Portion in diesem Rezept ist etwas kleiner.

ZUTATEN
- 100 g Popcornmais
- 3 EL Pflanzenöl
- 50 g Zucker
- 1 TL Salz, oder nach Belieben

ZUBEREITUNG
Maiskörner und Öl in einen großen Topf geben und den Deckel aufsetzen. Auf hoher Stufe unter häufigem Topfrütteln erhitzen. Wenn die ersten Körner platzen, den Topf vom Herd nehmen. Rasch den Zucker einstreuen und unterrühren. Den Deckel wieder aufsetzen und den Topf wieder auf den Herd setzen. Unter häufigem Topfrütteln garen, bis nur noch alle paar Sekunden 2–3 Körner platzen. Den Topf vom Herd nehmen und 2 Minuten warten, bis keine Körner mehr platzen. Das heiße Popcorn in eine große Servierschüssel füllen, salzen und sorgfältig vermengen. Warm servieren oder abkühlen lassen.

Ergibt 2 mittlere Portionen.

PIKANTES POPCORN

Wenn Sie pikantes Popcorn mögen, ist dieses schnelle Rezept das Richtige. Hier wird alles zusammen in einen Topf geworfen.

ZUTATEN
- 2 Portionen fertiges Popcorn (s. Seite 7/8)
- 60 ml natives Olivenöl extra
- 1 EL Paprikapulver
- 1 TL getrockneter Thymian
- 1 TL Knoblauchpulver
- ½ TL zerstoßene getrocknete Chiliflocken
- Salz, zum Abschmecken

ZUBEREITUNG
Das Popcorn in eine große Servierschüssel geben.

Das Olivenöl in einem kleinen Topf erhitzen. Paprikapulver, Thymian, Knoblauchpulver, Chiliflocken und Salz unterrühren. Das Popcorn mit dieser Mischung überziehen und alles vorsichtig und sorgfältig vermengen.

Ergibt 2 mittlere Portionen.

INDISCHES POPCORN

*Bevor Sie ein indisches Curry als Hauptspeise genießen, könnten Sie Ihre
Geschmacksknospen mit diesem Popcorn, gewürzt mit indischem
Garam Masala und Kurkuma, anregen.*

ZUTATEN

- 2 Portionen fertiges Popcorn (s. Seite 7/8)
- 4 EL gesalzene Butter
- 2 TL Garam Masala (gut sortierter Supermarkt oder Asia-Shop)
- 2 TL gemahlene Kurkuma
- ½ TL Chilipulver
- Salz
- frisch gemahlener schwarzer Pfeffer

ZUBEREITUNG

Den Backofen auf 140 °C vorheizen.

Das Popcorn in eine große Servierschüssel geben.

Butter oder Margarine in einem kleinen Topf zerlassen. Garam Masala, Kurkuma und Chilipulver einstreuen und auf kleiner Stufe 3–4 Minuten unter Rühren erhitzen. Das Popcorn damit überziehen. Salzen und pfeffern und alles vorsichtig und sorgfältig vermengen. Das Popcorn auf einem oder zwei Backblechen verteilen und im vorgeheizten Ofen 15 Minuten backen. Sofort servieren oder abkühlen lassen.

Ergibt 2 mittlere Portionen.

TIPP

In der indischen Küche wird häufig mit Cashewkernen gekocht. Geben Sie 75 g der Kerne mit dem Popcorn auf die Bleche und mischen Sie nach dem Backen noch 80 g Rosinen unter.

PESTO-POPCORN

Dieses Pesto lässt sich ganz einfach und schnell im Mixer zubereiten und kann natürlich auch für ein Pastagericht verwendet werden. In einem Schraubglas, abgedeckt mit einer dünnen Ölschicht hält es sich rund 1 Woche im Kühlschrank.

ZUTATEN

Pesto
- 40 g Pinienkerne
- 1 großes Bund frisches Basilikum
- 40 g Parmesan, fein gerieben
- 40 g Pecorino, fein gerieben
- 150 ml natives Olivenöl extra, plus etwas mehr zum Abdecken
- 1 Knoblauchzehe, gehackt

- 2 Portionen fertiges Popcorn (s. Seite 7/8)

ZUBEREITUNG

Für das Pesto die Pinienkerne in einer kleinen Pfanne ohne Öl auf mittlerer Stufe rösten, bis sie Farbe bekommen. Abkühlen lassen. Pinienkerne, Basilikumblätter, beide Käsesorten, Olivenöl und Knoblauch im Mixer zu einer groben Paste verarbeiten. Alternativ können Sie die Zutaten auch im Mörser verarbeiten – das ist etwas zeit- und kraftaufwendiger, sorgt aber für eine bessere Textur und kräftigere Farbe.

Das Popcorn in eine große Servierschüssel geben und mit 6–8 Esslöffeln Pesto vorsichtig und sorgfältig vermengen. Sofort servieren.

In einem verschlossenen Schraubglas und mit etwas Olivenöl bedeckt hält sich das restliche Pesto bis zu 1 Woche im Kühlschrank.

Ergibt 2 mittlere Portionen.

SESAMPOPCORN MIT SOJASAUCE

Dieses Popcorn erhält durch Sesamsaat, Sesamöl und Sojasauce ein besonderes asiatisches Aroma.

ZUTATEN

- 2 Portionen fertiges Popcorn (s. Seite 7/8)
- 175 g Glukosesirup (s. Seite 9)
- 1 EL Sesamöl
- 60 ml helle Sojasauce
- 25 g Sesamsaat

ZUBEREITUNG

Das Popcorn in eine große Servierschüssel geben.

Glukosesirup, Sesamöl und Sojasauce in einem kleinen Topf auf mittlerer Stufe zum Kochen bringen. Die Hitze reduzieren und 5 Minuten unter gelegentlichem Rühren sanft köcheln lassen. Das Popcorn damit überziehen, mit dem Sesam bestreuen und alles vorsichtig und sorgfältig vermengen. Schmeckt warm am besten.

Ergibt 2 mittlere Portionen.

POPCORN MIT RAUCHAROMA

*Die meisten Menschen lieben den rauchigen Geschmack von Gegrilltem. Falls Sie noch
Käsecracker zu Hause haben, mischen Sie sie unter das Popcorn.*

ZUTATEN

- 2 Portionen fertiges Popcorn (s. Seite 7/8)
- 2 TL Zwiebelpulver
- 2 TL Paprikapulver
- 1½ TL Chilipulver, oder nach Geschmack
- 1 TL Zitronenpfeffer
- 1 TL Salz
- 1 TL Knoblauchpulver
- ½ TL Senfpulver
- 120 g Butter
- einige Tropfen Hickory-Raucharoma (Internetversandhandel)
- 175 g kleine Käsecracker (nach Belieben)

ZUBEREITUNG

Das Popcorn in eine große Schüssel geben. Den Backofen auf
140 °C vorheizen.

Zwiebel-, Paprika- und Chilipulver, Zitronenpfeffer, Salz, Knoblauch-
und Senfpulver in einer Schale mischen.

Die Butter in einem kleinen Topf auf niedriger Stufe zerlassen und
das Raucharoma unterrühren. Die Butter über das Popcorn geben,
mit der Gewürzmischung bestreuen und alles vorsichtig und sorgfältig vermengen. Auf einem oder zwei Backblechen verteilen und
im vorgeheizten Ofen 15 Minuten backen. In eine große Servierschüssel füllen. Falls verwendet, die Cracker untermischen. Sofort
servieren oder abkühlen lassen. Hält sich bis zu 4 Tage.

Ergibt 2 mittlere Portionen.

PROVENZALISCHES POPCORN

*Dieses enthält Petersilie, Salbei, Rosmarin und Thymian.
Der Zitronensaft sorgt für eine besonders frische Note.*

ZUTATEN

- 2 Portionen fertiges Popcorn (s. Seite 7/8)
- 4 EL gesalzene Butter
- 1 TL getrocknete Petersilie
- ¼ TL gemahlener getrockneter Salbei
- ½ TL zerdrückter getrockneter Rosmarin
- 1 TL getrockneter Thymian
- ½ TL Zitronensaft
- ½ TL Salz, oder nach Geschmack

ZUBEREITUNG

Das Popcorn in eine große Servierschüssel geben.

Die Butter in einem mittleren Topf auf niedriger Stufe zerlassen.
Alle Kräuter und den Zitronensaft unterrühren. Das Popcorn
damit überziehen und salzen. Alles vorsichtig und sorgfältig vermengen. Sofort servieren oder abkühlen lassen.

Ergibt 2 mittlere Portionen.

POPCORN MIT SCHWARZEM TRÜFFELÖL

*Dieses raffinierte und hocharomatische Popcorn wird
garantiert großen Eindruck machen.*

ZUTATEN

- 2 Portionen fertiges Popcorn
  (s. Seite 7/8)
- 50 g Parmesan, fein gerieben
- 1 TL frisch gemahlener schwarzer
  Pfeffer
- 2 EL schwarzes Trüffelöl (Feinkostladen)
- ½ TL Salz

ZUBEREITUNG

Das Popcorn in eine große Servierschüssel geben. Mit Parmesan und Pfeffer vorsichtig vermengen. Mit dem Trüffelöl beträufeln. Salzen und alles nochmals vorsichtig und sorgfältig vermengen. Sofort servieren.

Ergibt 2 mittlere Portionen.

POPCORN MIT KÄSE, SPECK UND ZWIEBELN

*Diese Zutatenkombination ist und bleibt einfach unschlagbar und eignet sich
natürlich auch zum Verfeinern von Popcorn.*

ZUTATEN

- 2 Portionen fertiges Popcorn
  (s. Seite 7/8)
- 225 g Räucherspeck, fein gehackt
- 1 mittlere Zwiebel, fein gehackt
- 60 g Emmentaler, fein gerieben
- 1 TL frisch gemahlener schwarzer
  Pfeffer

ZUBEREITUNG

Den Backofen auf 150 °C vorheizen. Das Popcorn in eine große Schüssel geben.

Speck und Zwiebel in einer großen Pfanne auf mittlerer bis hoher Stufe braten, bis der Speck knusprig und die Zwiebel weich ist. Speck, Zwiebel und 3 Esslöffel des ausgelassenen Fetts aus der Pfanne über das Popcorn geben. Käse und Pfeffer zufügen und alles vorsichtig vermengen. Das Popcorn auf einem oder zwei Backblechen verteilen und im vorgeheizten Ofen 7–8 Minuten backen. Sofort servieren.

Ergibt 2 mittlere Portionen.

POPCORN MIT CHILI UND LIMETTE

Das feinsäuerliche Aroma von frischen Limetten und die pikante Schärfe von Chili kombiniert mit knusprigen Pinienkernen und Mandeln sorgen für ein einzigartiges Geschmackserlebnis.

ZUTATEN

- 2 Portionen fertiges Popcorn (s. Seite 7/8)
- 3 EL gesalzene Butter oder Margarine
- 120 g Pinienkerne
- 50 g Mandelblättchen
- 1 TL Chilipulver
- ½ TL Salz
- ½ TL frisch abgeriebene Limettenschale
- 1 EL frisch gepresster Limettensaft
- ½ TL gemahlener Kreuzkümmel
- ½ TL frisch gemahlener schwarzer Pfeffer

ZUBEREITUNG

Das Popcorn in eine große Schüssel geben.

Den Backofen auf 140 °C vorheizen. Butter oder Margarine in einem kleinen Topf auf mittlerer Stufe zerlassen. Pinienkerne, Mandeln, Chilipulver, Salz, Limettenschale und -saft, Kreuzkümmel und Pfeffer darin 3–4 Minuten rühren. Die Buttermischung über das Popcorn geben und alles vorsichtig und sorgfältig vermengen. Auf einem oder zwei Backblechen verteilen und im vorgeheizten Ofen 15 Minuten backen. Sofort servieren oder abkühlen lassen.

Ergibt 2 mittlere Portionen.

GEWÜRZPOPCORN À LA LOUISIANA

Die hier verwendete Gewürzmischung ist eine Hommage an die Cajun-Küche und die Bayou-Aromen von Louisiana in den USA. Sie kann auch wunderbar als Würze für Geflügel oder Steaks verwendet werden.

ZUTATEN

Bayou-Gewürzmischung
- 3 EL Paprikapulver
- 1 EL Knoblauchpulver
- 2 TL Zwiebelpulver
- 2 TL brauner Zucker
- 1½ TL zerstoßene getrocknete Chiliflocken
- 1 TL getrockneter Thymian
- 1 TL getrockneter Oregano
- 1 TL frisch gemahlener schwarzer Pfeffer
- ½ TL frisch geriebene Muskatnuss

- 2 Portionen fertiges Popcorn (s. Seite 7/8)
- 120 g gesalzene Butter
- ½ TL Salz, oder nach Geschmack

ZUBEREITUNG

Für die Gewürzmischung alle Zutaten in einer Schale mischen. Die Mischung hält sich in einem luftdichten Behälter bis zu 1 Monat.

Den Backofen auf 180 °C vorheizen. Das Popcorn in eine große Schüssel geben.

Die Butter in einem kleinen Topf auf niedriger Stufe zerlassen und das Popcorn damit überziehen. Mit etwa 2 Esslöffeln Gewürzmischung bestreuen, salzen und alles vorsichtig und sorgfältig vermengen. Das Popcorn auf einem oder zwei Backblechen verteilen und im Ofen 15 Minuten backen. Sofort servieren oder abkühlen lassen. Hält sich bis zu 3 Tage.

Ergibt 2 mittlere Portionen.

TIPP

Die Cajun-Küche ist bekannt für ihre aromatische Schärfe, weshalb Sie auch zusätzlich noch 1 Prise Cayennepfeffer in die Gewürzmischung geben können. Als Variation können Sie außerdem auch 1 Teelöffel Fenchelsamen und 1 Teelöffel Zimt dazugeben.

THAILÄNDISCHES POPCORN

Durch die Karamellbasis wird dieses tolle Popcorn süß und knusprig, Limette und Fischsauce verleihen ihm fruchtige Säure und Aroma, und frischer Koriander macht das gewisse Extra aus.

ZUTATEN

- 2 Portionen fertiges Popcorn (s. Seite 7/8)
- 175 g trocken geröstete Erdnüsse
- 25 g frisch gehackter Koriander, zum Servieren
- 1–2 EL getrocknete rote Chiliflocken, zum Servieren

Karamellsauce
- 175 g brauner Zucker
- 120 ml natives Olivenöl extra
- 175 g heller Sirup
- 4–5 TL frisch gepresster Limettensaft
- 2 EL frisch abgeriebene Limettenschale
- 2 TL Fischsauce (gut sortierter Supermarkt oder Asia-Shop)
- 2 EL Chilisauce (gut sortierter Supermarkt oder Asia-Shop)
- 1 TL Knoblauchpulver
- ½ TL Natron

ZUBEREITUNG

Den Backofen auf 130 °C vorheizen. Das Popcorn in eine große Schüssel geben und die Erdnüsse untermischen.

Für die Karamellsauce Zucker, Olivenöl, Sirup und Limettensaft in einem großen Topf auf mittlerer bis hoher Stufe zum Kochen bringen. Dann ohne zu rühren 5 Minuten kochen lassen. Den Topf vom Herd nehmen und Limettenschale, Fischsauce, Chilisauce, Knoblauchpulver und Natron unterrühren.

Die Karamellsauce über das Popcorn geben und alles vorsichtig und sorgfältig vermengen. Auf einem oder zwei Backblechen verteilen und im vorgeheizten Ofen 45 Minuten unter drei- bis viermaligem Wenden backen. Abkühlen lassen.

Zum Servieren das Popcorn in eine große Servierschüssel füllen und vorsichtig Koriander und Chiliflocken untermischen.

Ergibt 2 mittlere Portionen.

TIPP

Für noch mehr Textur mischen Sie vor dem Servieren zusammen mit Koriander und Chiliflocken noch ein paar knusprig frittierte asiatische Nudeln unter das Popcorn.

SALAMIPOPCORN

Geröstete Kürbis- und Cashewkerne verleihen dieser würzig-pikanten
Popcornmischung zusätzlichen Biss.

ZUTATEN

- 2 Portionen fertiges Popcorn
  (s. Seite 7/8)
- 100 g Kürbiskerne
- 130 g Cashewkerne
- 80 g Salami, in feinen Stücken
- 2 TL Chilipulver
- 1 TL gemahlener Kreuzkümmel
- frisch gemahlener schwarzer Pfeffer

ZUBEREITUNG

Das Popcorn in eine große Servierschüssel geben.

Kürbis- und Cashewkerne in einer großen Pfanne ohne Fett auf niedriger Stufe rösten, dann in eine Schale geben. Nun die Salami in die Pfanne geben und unter Rühren knusprig rösten. Zusammen mit den Kernen, Chilipulver, Kreuzkümmel und Pfeffer zum Popcorn geben und alles vorsichtig und sorgfältig vermengen. Sofort servieren oder bis zu 2 Tage aufbewahren.

Ergibt 2 mittlere Portionen.

POPCORN MIT SÜSSEM CHEDDAR

Hier wird Cheddar in Sirup geschmolzen und unter das Popcorn gemischt, bevor es in den
Ofen kommt. Dieser Snack hat ein wunderbares süßsalziges Käsearoma.

ZUTATEN

- 2 Portionen fertiges Popcorn
  (s. Seite 7/8)
- ½ TL grobes Meersalz
- ¼ TL Cayennepfeffer
- 300 g Zucker
- 2 EL Ahornsirup
- 60 g Schlagsahne
- 120 g Cheddar (oder mittelalter
  Gouda), gerieben

ZUBEREITUNG

Den Backofen auf 150 °C vorheizen. Das Popcorn auf ein Backblech geben. Mit Salz und Cayennepfeffer bestreuen und vorsichtig vermengen.

Zucker und Ahornsirup mit 60 ml Wasser in einem großen Topf verrühren und auf mittlerer Stufe erhitzen, bis der Zucker sich aufgelöst hat. Die Temperatur erhöhen und den Sirup etwa 10 Minuten kochen, bis er eine dunkle Bernsteinfarbe hat. Den Topf vom Herd nehmen und die Sahne vorsichtig unterrühren. Dann den Käse unterrühren, bis er geschmolzen ist. Das Popcorn damit überziehen und sorgfältig mit einem Holzlöffel vermengen. Im Ofen 45 Minuten backen; dabei mehrmals wenden, damit das Popcorn vollständig mit dem Käsekaramell überzogen wird. Sofort servieren oder abkühlen lassen.

Ergibt 2 mittlere Portionen.

TEXMEX-POPCORN

Die Texmex-Küche, beeinflusst nicht nur von farbenfrohen mexikanischen Zutaten und Aromen, sondern auch von denen der europäischstämmigen Pioniere und Siedler in Texas, gilt als eine der ersten Fusion-Küchen.

ZUTATEN

- gesalzene Butter, zum Einfetten
- 2 Portionen fertiges Popcorn (s. Seite 7/8)
- 1 EL Paprikapulver
- 1 EL getrockneter Oregano
- 1 EL gemahlener Kreuzkümmel
- 1 TL Salz
- ½ TL Zwiebelpulver
- ½ TL Knoblauchpulver
- ¼ TL Cayennepfeffer
- 120 ml natives Olivenöl extra
- 1 EL frisch gehackter Koriander

ZUBEREITUNG

Den Backofen auf 140 °C vorheizen. Ein bis zwei Backbleche dünn mit Butter einfetten. Das Popcorn in eine große Schüssel geben.

Paprika, Oregano, Kreuzkümmel, Salz, Zwiebel- und Knoblauch-pulver sowie Cayennepfeffer in einer Schale mischen. Das Öl in einem mittleren Topf sanft erhitzen. Das Popcorn damit überziehen und dann mit der Gewürzmischung bestreuen. Alles vorsichtig und sorgfältig vermengen. Das Popcorn auf den Backblechen ver-teilen und im vorgeheizten Ofen 15 Minuten backen. Aus dem Ofen nehmen und den Koriander untermischen. Sofort servieren.

Ergibt 2 mittlere Portionen.

TIPP

Die Aromen in diesem Rezept sind ganz typisch für die Texmex-Küche. Für noch mehr Authentizität können Sie noch 200 g ent-steinte schwarze Oliven zusammen mit dem Koriander unter das Popcorn mischen.

KRÄUTERPOPCORN MIT BUTTERMILCH

Der cremig-würzige Mix aus Buttermilch, Zwiebel und Petersilie wird Sie begeistern.

ZUTATEN

- 2 Portionen fertiges Popcorn (s. Seite 7/8)
- 70 g gesalzene Butter
- 1 EL Milchpulver
- 2 TL getrocknete Petersilie
- 1 TL Zwiebelpulver
- 1 TL Knoblauchsalz
- ½ TL Chilipulver
- ¼ TL getrockneter Dill

ZUBEREITUNG

Das Popcorn in eine große Servierschüssel geben. Die Butter in einem kleinen Topf auf niedriger Stufe zerlassen. Milchpulver, Petersilie, Zwiebelpulver, Knoblauchsalz, Chilipulver und Dill in einer Schale mischen und dann in die flüssige Butter rühren. Das Popcorn damit überziehen und alles vorsichtig und sorgfältig vermengen. Vor dem Servieren abkühlen lassen. Hält sich bis zu 4 Tage.

Ergibt 2 mittlere Portionen.

PARMESANPOPCORN MIT CURRY

Wenn Sie ein fertig gemischtes Currypulver verwenden, ist dieser Snack wirklich im Handumdrehen zubereitet.

ZUTATEN

- 2 Portionen fertiges Popcorn (s. Seite 7/8)
- 75 g gesalzene Butter oder Margarine
- 50 g Parmesan, fein gerieben
- ½ TL Salz
- 1 TL Currypulver
- 1 TL getrocknete Korianderblätter
- 1 TL frisch gemahlener schwarzer Pfeffer

ZUBEREITUNG

Das Popcorn in eine große Servierschüssel geben. Butter oder Margarine in einem kleinen Topf auf niedriger Stufe zerlassen und etwas abkühlen lassen. Das Popcorn mit der Butter überziehen und mit Käse, Salz, Currypulver, Koriander und Pfeffer bestreuen. Alles vorsichtig und sorgfältig vermengen. Sofort servieren oder abkühlen lassen.

Ergibt 2 mittlere Portionen.

KARAMELLISIERTES POPCORN MIT BACON

Wer kann schon knusprigem Speck oder Karamell widerstehen? Kombinieren Sie beides mit knackigen Cashewkernen, und das Ergebnis ist einfach unwiderstehlich.

ZUTATEN

- 2 Portionen fertiges Popcorn (s. Seite 7/8)
- 8 Scheiben Frühstücksspeck
- ½ TL grobes Meersalz
- ¼ TL Cayennepfeffer
- 60 g ganze Cashewkerne
- 300 g Zucker
- 60 ml Wasser
- 2 EL Ahornsirup
- 60 g Schlagsahne

ZUBEREITUNG

Den Backofen auf 150 °C vorheizen. Das Popcorn in einer großen Auflaufform verteilen.

Den Speck in einer großen Pfanne auf mittlerer bis hoher Stufe knusprig braten. Auf Küchenpapier abtropfen und abkühlen lassen, dann zerkrümeln. Das Popcorn mit Salz und Cayennepfeffer bestreuen und alles vorsichtig vermengen. Speck und Cashews darauf verteilen.

Zucker, Wasser und Ahornsirup in einem großen Topf auf kleiner bis mittlerer Stufe erhitzen, bis der Zucker sich aufgelöst hat. Die Hitze erhöhen und den Sirup etwa 10 Minuten kochen, bis er eine dunkle Bernsteinfarbe hat. Den Topf vom Herd nehmen und die ganz Sahne vorsichtig unterrühren. Das Popcorn damit überziehen und alles vorsichtig und sorgfältig mit einem Holzlöffel oder einem Teigschaber vermengen. Im vorgeheizten Ofen 45 Minuten backen. Während des Backens mehrmals wenden, damit das Popcorn vollständig mit Karamell überzogen wird. Aus dem Ofen nehmen und vor dem Servieren vollständig erkalten lassen.

Ergibt 2 mittlere Portionen.

TIPP

Sie können den Frühstücksspeck nach Belieben auch durch Salami oder pikante Chorizo ersetzen.

SÜSSSALZIGES ALGENPOPCORN

In der japanischen Küche kommen Algen häufig und vielseitig zum Einsatz. Sie fügen Ihrem Popcorn eine völlig neue, spannende Note hinzu, und Ihre Familie und Freunde werden begeistert sein. Nori Furikake ist ein Gewürzpulver, das Sie in Asia-Shops oder großen Verbrauchermärkten erhalten.

ZUTATEN

- 2 Portionen fertiges Popcorn (s. Seite 7/8)
- 75 g gesalzene Butter oder 75 ml Pflanzenöl
- 3 EL Nori Furikake (Asia-Shop oder Internetversandhandel)
- 1 EL Honig
- 1 TL Salz

ZUBEREITUNG

Das Popcorn in eine große Servierschüssel geben. Die Butter in einem kleinen Topf auf niedriger Stufe zerlassen oder das Öl sanft erhitzen. Das Popcorn damit überziehen und zuerst nur 2 Esslöffel Nori Furikake vorsichtig untermischen, dann den Rest. Den Honig in einem dünnen Faden im Zickzack darüberträufeln, damit keine Klumpen entstehen, leicht salzen und alles vorsichtig und sorgfältig vermengen. Nochmals abschmecken; die Aromen sollten ausgewogen sein, sodass Salz, Honig und Nori Furikake gleich gut zu schmecken sind.

Ergibt 2 mittlere Portionen.

TIPP

Die Nori-Gewürzmischung kann auch für ein Graupenrisotto mit fein gehacktem Spinat und Ihrem Lieblingskäse verwendet werden.

GRIECHISCHES POPCORN

Dieses würzige Popcorn ist besonders lecker als Snack zu einem kühlen Getränk an einem warmen Sommerabend.

ZUTATEN

- 2 EL Paprikapulver
- 1 TL Salz
- 1 TL frisch gemahlener schwarzer Pfeffer
- ½ TL Knoblauchpulver
- ½ TL Zwiebelpulver
- 1 TL zerdrückter getrockneter Rosmarin
- ½ TL getrockneter Majoran
- 2 TL Gyros-Gewürzmischung
- ¼ TL getrockneter Salbei

- 2 Portionen fertiges Popcorn (s. Seite 7/8)
- 120 g gesalzene Butter

ZUBEREITUNG

Den Backofen auf 140 °C vorheizen.

Kräuter und Gewürze in einer Schale mischen.

Das Popcorn in eine große Servierschüssel geben. Die Butter in einem Topf auf niedriger Stufe zerlassen. Das Popcorn mit der Butter überziehen und dann mit der Gewürzmischung bestreuen. Alles vorsichtig und sorgfältig vermengen. Das Popcorn auf einem oder zwei Backblechen verteilen und im vorgeheizten Ofen 15 Minuten backen. Sofort servieren oder abkühlen lassen.

Ergibt 2 mittlere Portionen.

TIPP

Für noch mehr Textur mischen Sie vor dem Servieren 2 Esslöffel gehackte schwarze Oliven unter das Popcorn.

PERI-PERI-POPCORN

Das Peri-Peri-Gewürz stammt aus den ehemaligen portugiesischen Kolonien in Afrika und hat ein sehr lebhaftes, vielseitiges Aroma. Sie können es ganz nach Belieben mild oder feurig scharf zubereiten. Passen Sie einfach die Chilimenge Ihrem persönlichen Geschmack an.

ZUTATEN

Peri-Peri-Gewürzmischung

- 2 TL zerstoßene getrocknete Chiliflocken
- 2 TL Paprikapulver
- 2 TL Knoblauchpulver
- 2 TL Zitronenpfeffer
- 2 TL zerdrückter getrockneter Rosmarin
- 1 TL getrockneter Oregano
- 1 TL Salz

- 2 EL gesalzene Butter
- 2 Portionen fertiges Popcorn
- 50 g Mandelblättchen

ZUBEREITUNG

Den Backofen auf 140 °C vorheizen.

Für die Peri-Peri-Mischung alle Zutaten in einer Schale mischen.

Die Butter in einem kleinen Topf auf niedriger Stufe zerlassen. Das Popcorn in eine große Schüssel geben. Die Mandelblättchen in einer kleinen Pfanne ohne Fett rösten, dann unter das Popcorn mischen. Mit der flüssigen Butter beträufeln und mit der Gewürzmischung bestreuen. Alles vorsichtig und sorgfältig vermengen. Das Popcorn auf einem oder zwei Backblechen verteilen und im vorgeheizten Ofen 10 Minuten backen. Sofort servieren oder abkühlen lassen.

Ergibt 2 mittlere Portionen.

WASABI-POPCORN

Dieses würzig-scharfe Popcorn ist nur etwas für ganz Mutige.

ZUTATEN

- 1 TL Zucker
- 1 TL Salz
- 1 TL Wasabipulver, gesiebt
- ⅛ TL Cayennepfeffer
- 2 EL gesalzene Butter
- 2 Portionen fertiges Popcorn (s. Seite 7/8)

ZUBEREITUNG

Das Popcorn in eine große Servierschüssel geben. Zucker, Salz, Wasabipulver und Cayennepfeffer in einer Schale mischen. Die Butter in einem kleinen Topf auf niedriger Stufe zerlassen. Das Popcorn damit überziehen und mit der Gewürzmischung bestreuen. Alles vorsichtig und sorgfältig vermengen. Sofort servieren.

Ergibt 2 mittlere Portionen.

PFEFFER-PARMESAN-POPCORN

Schwarzer Pfeffer und Parmesan ergänzen sich so gut, dass keine weiteren Aromen hinzugefügt werden müssen, um aus diesem Popcorn eine runde Sache zu machen.

ZUTATEN

- 2 Portionen fertiges Popcorn (s. Seite 7/8)
- 75 g gesalzene Butter
- 150 g Parmesan, frisch gerieben
- 2 TL frisch gemahlener schwarzer Pfeffer

ZUBEREITUNG

Das Popcorn in eine große Schüssel geben.

Den Backofen auf 170 °C vorheizen. Die Butter in einem kleinen Topf auf niedriger Stufe zerlassen. Das Popcorn damit überziehen und mit Parmesan und Pfeffer bestreuen. Alles vorsichtig und sorgfältig vermengen. Das Popcorn auf einem oder zwei Backblechen verteilen und im vorgeheizten Ofen 10 Minuten backen. Sofort servieren.

Ergibt 2 mittlere Portionen.

Kapitel 2

KUGELN UND RIEGEL

Popcorn lässt sich ganz einfach zu Kugeln oder Riegeln formen.
So wird daraus ein praktischer und leckerer Snack für unterwegs. Von herzhaften Kugeln mit Knoblauch und Käse bis hin
zu Powerriegeln – hier gibt es für jeden Geschmack etwas.

SCHOKO-ERDNUSS-RIEGEL

Schokolade und Erdnussbutter sind eine tolle Kombination. Diese Riegel sind eine leckere Überraschung für jedes Lunchpaket.

ZUTATEN

- 75 g gesalzene Butter, plus etwas mehr zum Einfetten
- ⅔ Portionen fertiges Popcorn (s. Seite 7/8)
- 175 g Schokoladentröpfchen
- 175 g Sultaninen
- 130 g Erdnussbutter
- 300 g Mini-Marshmallows

ZUBEREITUNG

Eine Backform (18 cm × 28 cm) dünn mit Butter einfetten. Popcorn, Schokoladentröpfchen und Sultaninen in einer großen Schüssel mischen.

Die Butter in einem kleinen Topf auf niedriger Stufe zerlassen und die Erdnussbutter unterrühren. Die Marshmallows zufügen und rühren, bis sie geschmolzen sind. Das Popcorn damit überziehen und alles mit einem eingefetteten Holzlöffel vorsichtig und sorgfältig vermengen. Die Masse in die vorbereitete Form drücken und die Oberfläche glätten. Erkalten und fest werden lassen, dann in 8 Riegel schneiden. Sie halten sich bis zu 4 Tage.

Ergibt 8 Riegel.

TIPP

Die dunklen Schokoladentröpfchen können durch weiße ersetzt werden und die Sultaninen durch getrocknete Kirschen. Für zusätzlichen Biss können Sie noch ein paar grob gehackte Erdnüsse zugeben.

SÜSSPIKANTE KÜRBIS-POPCORN-KUGELN

Diese Kugeln sind mit ihren herbstlichen Aromen perfekt für eine kleine Stärkung nach der Schule oder an kühlen Abenden.

ZUTATEN

- 2 Portionen fertiges Popcorn (s. Seite 7/8)
- 300 g Kürbiskerne
- 300 g Zucker
- 250 g Glukosesirup (s. Seite 9)
- 350 g Schlagsahne
- 3 EL Butter, klein gewürfelt, plus etwas mehr zum Formen
- ½ TL Salz
- einige Tropfen Vanillearoma
- 1 TL Zimt
- ½ TL Cayennepfeffer

ZUBEREITUNG

Zwei Backbleche mit Backpapier belegen. Das Popcorn in eine große Schüssel geben.

Die Kürbiskerne portionsweise in einer großen Pfanne ohne Fett auf mittlerer Stufe unter Rühren rösten, bis sie Farbe annehmen und zu springen beginnen. Unter das Popcorn mischen.

Zucker und Glukosesirup in einem großen Topf unter häufigem Rühren sanft erhitzen, bis der Zucker sich aufgelöst hat. Die Hitze auf mittlere bis hohe Stufe erhöhen und den Sirup etwa 6 Minuten kochen, bis das Zuckerthermometer 140 °C anzeigt. Inzwischen die Sahne in einem kleinen Topf sanft erhitzen und warm halten. Wenn der Sirup die erforderliche Temperatur erreicht hat, Butter und Salz unterrühren. Nach und nach Sahne und Vanillearoma vorsichtig einarbeiten. Die Hitze wieder reduzieren und unter gelegentlichem Rühren köcheln lassen, bis der Sirup 115 °C hat. Den Topf sofort vom Herd nehmen und Zimt und Cayennepfeffer unterrühren. Den Karamell etwa 2 Minuten abkühlen lassen, dann über das Popcorn gießen und alles vorsichtig und sorgfältig vermengen. Etwas abkühlen lassen.

Mit eingefetteten Händen Kugeln mit einem Durchmesser von etwa 5 cm aus der Masse formen und auf die vorbereiteten Bleche setzen. Vor dem Servieren zimmerwarm abkühlen lassen. Die Kugeln halten sich einzeln in Frischhaltefolie eingewickelt bis zu 1 Woche.

Ergibt etwa 50 Kugeln.

TIPP

Kardamom sorgt für zusätzliches Aroma. Zerstoßen Sie die Samen aus 3 Kapseln und geben Sie sie zusammen mit dem Zimt in den Karamell.

SCHOKOLADEN-MARSHMALLOW-RIEGEL

Bei dieser süßen Leckerei verstecken sich zwischen knusprigen
Butterkeksen Marshmallows und Schokolade.

ZUTATEN

- 150 g gesalzene Butter,
  plus etwas mehr zum Einfetten
- 2 Portionen fertiges Popcorn
  (Herdmethode, s. Seite 7)
- 300 g Mini-Marshmallows
- 225 g Butterkekse, zerbröselt
- 225 g Schokoladentröpfchen
- 220 g brauner Zucker
- 225 g Glukosesirup (s. Seite 9)
- 1 TL Natron

ZUBEREITUNG

Eine Backform (24 cm × 32 cm) dünn mit Butter einfetten. Das Popcorn in eine große Schüssel geben. Marshmallows, Kekse und Schokolade untermischen.

Zucker, Butter und Glukosesirup in einem großen Topf unter häufigem Rühren sanft erhitzen, bis der Zucker sich aufgelöst hat. Die Hitze auf mittlere bis hohe Stufe erhöhen und den Karamell 5 Minuten ohne zu rühren kochen. Den Topf vom Herd nehmen und vorsichtig das Natron unterrühren. Das Popcorn mit dem Karamell übergießen und alles vorsichtig und sorgfältig vermengen. Die Masse in die vorbereitete Form drücken und die Oberfläche glätten. Vor dem Servieren vollständig erkalten lassen, dann in 24 Riegel schneiden.

Ergibt 24 Riegel.

KLEINE APFEL-POPCORN-KUGELN

In diesen Kugeln stecken fruchtige Apfelstückchen, aromatische Gewürze und süßer Sirup.
Sie spenden schnelle Energie für unterwegs.

ZUTATEN

- 2 Portionen fertiges Popcorn (s. Seite 7/8)
- 120 g grob gehackte Walnüsse, geröstet (s. Seite 9)
- 150 g getrocknete Apfelringe, in kleinen Stücken
- 2 EL gesalzene Butter, plus etwas mehr zum Formen
- 2 EL Zucker
- 2 EL brauner Zucker
- 2 EL Zuckerrübensirup
- 2 EL heller Sirup
- 90 g Glukosesirup (s. Seite 9)
- ½ TL Zimt
- ½ TL gemahlener Ingwer

ZUBEREITUNG

Zwei Backbleche mit Backpapier belegen. Das Popcorn in eine große Schüssel geben. Walnüsse und Apfelstückchen untermischen.

Die Butter in einem großen Topf auf niedriger Stufe zerlassen. Zucker, braunen Zucker, Sirupsorten, Zimt und Ingwer zugeben und rühren, bis der Zucker sich aufgelöst hat. Die Hitze auf mittlere bis hohe Stufe erhöhen und den Sirup kochen, bis das Zuckerthermometer 140 °C anzeigt. Die Zuckermischung über das Popcorn geben und alles vorsichtig und sorgfältig vermengen. Etwas abkühlen lassen, dann mit eingefetteten Händen zu 30 Kugeln formen. Auf die vorbereiteten Bleche setzen und vollständig erkalten lassen. Einzeln in Frischhaltefolie geschlagen halten sich die Kugeln bis zu 1 Woche.

Ergibt 30 Kugeln.

EXOTISCHE POPCORNKUGELN

Kokos und Macadamia verleihen diesen Kugeln eine tropisch-exotische Note. Zusammengehalten werden
sie durch Honig und Mandelmus und sollten am besten am Tag der Zubereitung verzehrt werden.

ZUTATEN

- 2 Portionen fertiges Popcorn
- 60 g Macadamianusskerne, fein gehackt
- 175 g Honig
- 130 g Mandelmus
- gesalzene Butter, zum Formen
- 40 g Kokosraspel

ZUBEREITUNG

Zwei Backbleche mit Backpapier belegen. Das Popcorn in eine große Schüssel geben. Die Macadamianüsse untermischen.

Honig und Mandelmus in einem mittleren Topf einige Minuten unter ständigem Rühren sanft erhitzen, bis das Mus geschmolzen ist. Die Hitze auf mittlere bis hohe Stufe erhöhen und 1 Minute unter Rühren kochen. Das Popcorn rasch mit der Honig-Mandel-Mischung überziehen und alles vorsichtig und sorgfältig mit einem Holzlöffel vermengen.

Mit eingefetteten Händen Kugeln mit einem Durchmesser von 5 cm aus der Masse formen und noch warm in den Kokosraspeln wälzen. Auf die vorbereiteten Bleche setzen und erkalten lassen. Sofort servieren oder abkühlen lassen und einzeln in Frischhaltefolie schlagen. Die Kugeln halten sich maximal 2 Tage.

Ergibt etwa 50 Kugeln.

BREZEL-ERDNUSS-RIEGEL

Diese tollen, salzig-süßen Riegel spenden sofort neue Energie und halten lange satt.
Sie sind deshalb ein perfekter Snack für Ihre Kinder.

ZUTATEN

- gesalzene Butter, zum Einfetten
- 1½ Portionen fertiges Popcorn
  (s. Seite 7/8)
- 300 g grob gehackte Salzbrezeln
- 120 g gesalzene Erdnüsse
- 50 g grob gehackte Pekannüsse
- 400 g Zucker
- 1 TL Salz, plus etwas mehr
  zum Bestreuen
- 150 g Schlagsahne
- 100 g Mini-Marshmallows

ZUBEREITUNG

Eine Backform (30 cm × 30 cm) dünn mit Butter einfetten.

Popcorn, Brezeln, Erd- und Pekannüsse in einer großen Schüssel mischen.

Den Zucker mit 110 ml Wasser in einem mittelgroßen Topf unter häufigem Rühren sanft erhitzen, bis er sich aufgelöst hat. Die Hitze auf mittlere bis hohe Stufe erhöhen und den Sirup etwa 6 Minuten ohne zu rühren kochen, bis er bernsteinfarben ist. Den Topf vom Herd nehmen und die Sahne ganz vorsichtig unterrühren. Dann die Marshmallows unterziehen und rühren, bis sie geschmolzen sind.

Das Popcorn mit dem Karamell überziehen und alles vorsichtig und sorgfältig vermengen. Die Masse in die vorbereitete Form drücken und die Oberfläche glätten. Mit ein wenig Salz bestreuen. Vor dem Servieren vollständig erkalten lassen, dann in 24 Riegel schneiden. Sie halten sich bis zu 4 Tage.

Ergibt 24 Riegel.

MÜSLIRIEGEL

Falls Sie mal keine Zeit zum Frühstücken haben, verleihen Ihnen diese Riegel
unterwegs die nötige Energie für den Tag.

ZUTATEN

- 4 EL gesalzene Butter oder Margarine,
  plus etwas mehr zum Einfetten
- 80 g brauner Zucker
- 175 g Glukosesirup (s. Seite 9)
- 200 g Knuspermüsli
- ½ Portion fertiges Popcorn
  (s. Seite 7/8)
- 60 g Sultaninen
- 120 g grob gehackte Pekannüsse

ZUBEREITUNG

Eine Backform (24 cm × 32 cm) dünn mit Butter einfetten.

Zucker, Glukosesirup und Butter in einem großen Topf unter häufigem Rühren sanft erhitzen, bis der Zucker sich aufgelöst hat. Die Hitze auf mittlere bis starke Stufe erhöhen und den Sirup unter ständigem Rühren zum Kochen bringen. Müsli und Popcorn rasch unter den Sirup mischen. Dann Sultaninen und Nüsse dazugeben. Den Topf vom Herd nehmen und die Masse 2–3 Minuten abkühlen lassen. In die vorbereitete Form drücken und die Oberfläche glätten. Vor dem Servieren vollständig erkalten lassen, dann in 10 Riegel schneiden. Sie halten sich bis zu 4 Tage.

Ergibt 10 Riegel.

SESAM-INGWER-KUGELN

Wenn Sie Ingwer mögen, werden Sie auch diese Kugeln lieben. Sie sind wunderbare Appetithäppchen und werden Ihre Gäste begeistern.

ZUTATEN

- 50 g Sesamsaat
- 2 Portionen fertiges Popcorn (s. Seite 7/8)
- 60 g brauner Zucker
- 175 g Glukosesirup (s. Seite 9)
- 75 g gesalzene Butter, plus etwas mehr zum Formen
- 2 TL gemahlener Ingwer
- 80 g gehackter kandierter Ingwer

ZUBEREITUNG

Zwei Backbleche mit Backpapier belegen.

Den Sesam in einer großen Pfanne ohne Fett auf niedriger Stufe rösten, aber nicht zu dunkel werden lassen. In eine Schale füllen.

Das Popcorn in eine große Schüssel geben. Zucker, Glukosesirup, Butter und gemahlenen Ingwer in einem großen Topf unter häufigem Rühren sanft erhitzen, bis der Zucker sich aufgelöst hat. Die Hitze auf mittlere bis hohe Stufe erhöhen und den Sirup 3–4 Minuten kochen, bis er Farbe annimmt. Das Popcorn damit überziehen und alles vorsichtig und sorgfältig vermengen. Den gehackten Ingwer untermischen.

Mit eingefetteten Händen rasch 5 cm große Kugeln aus der Masse formen und noch warm im Sesam wenden. Auf die vorbereiteten Bleche setzen und vollständig erkalten lassen. Die Kugeln halten sich einzeln in Frischhaltefolie geschlagen bis zu 5 Tage.

Ergibt etwa 40 Kugeln.

MARSHMALLOW-KUGELN

Diese Kugeln sind den bekannten Schoko-Puffreis-Riegeln sehr ähnlich. Sie sind schnell und einfach zubereitet, herrlich süß, knusprig und weich zugleich.

ZUTATEN

- 120 g gesalzene Butter, plus etwas mehr zum Einfetten und Formen
- 2 Portionen fertiges Popcorn (s. Seite 7/8)
- 250 g Mini-Marshmallows

ZUBEREITUNG

Zwei Backbleche mit Backpapier belegen. Eine große Schüssel dünn mit Butter einfetten und das Popcorn hineingeben.

Die Butter in einem großen Topf auf niedriger Stufe zerlassen. Die Marshmallows zufügen und rühren, bis sie geschmolzen sind. Das Popcorn damit überziehen und alles vorsichtig und sorgfältig vermengen. Etwas abkühlen lassen, dann mit eingefetteten Händen rasch etwa 30 Kugeln aus der Masse formen und auf die vorbereiteten Bleche setzen. Sofort servieren oder bis zu 4 Tage aufbewahren.

Ergibt etwa 30 Kugeln.

POPCORNRIEGEL MIT SCHOKOGLASUR

Hier wird Popcorn mit knusprigem Puffreis, Schokolade und Erdnussbutter kombiniert,
in eine Backform gedrückt und mit einer Schokoladenglasur überzogen.

ZUTATEN

- gesalzene Butter, zum Einfetten
- 2 Portionen fertiges Popcorn (s. Seite 7/8)
- 50 g Puffreis
- 200 g Zucker
- 350 g Glukosesirup (s. Seite 9)
- 80 g Erdnussbutter
- 175 g Schokoladentröpfchen

Schokoladenglasur
- 4 EL gesalzene Butter
- 3 EL Vollmilch
- 2 EL Kakaopulver, gesiebt
- 280 g Puderzucker, gesiebt

ZUBEREITUNG

Eine Backform (30 cm × 30 cm) dünn mit Butter einfetten. Popcorn und Puffreis in einer großen Schüssel mischen.

Zucker und Glukosesirup in einem großen Topf unter häufigem Rühren sanft erhitzen, bis der Zucker sich aufgelöst hat. Die Hitze auf mittlere bis starke Stufe erhöhen und den Sirup zum Kochen bringen. Erdnussbutter und Schokoladentröpfchen zufügen und unter Rühren schmelzen. Das Popcorn damit überziehen und alles vorsichtig und sorgfältig vermengen. Die Masse in die vorbereitete Form drücken und die Oberfläche glätten. Vollständig erkalten lassen.

Für die Glasur die Butter mit der Milch in einem kleinen Topf auf niedriger Stufe schmelzen. Kakao und Puderzucker mit einem Holzlöffel unterrühren, bis die Masse glatt und glänzend ist. Etwas abkühlen lassen, dann die Popcornmasse damit überziehen. Erst vollständig erkalten lassen, dann in 16 Stücke schneiden. Hält sich bis zu 4 Tage.

Ergibt 20 Stück.

CURRY-KOKOS-POPCORNKUGELN

Diese Kugeln mit dem würzig-süßen Aroma sind von der indischen Küche inspiriert.

ZUTATEN

- 225 g gesalzene Butter, gewürfelt, plus etwas mehr zum Einfetten und Formen
- 2 Portionen Popcorn (s. Seite 7/8)
- 175 g Kokosflocken
- 80 g fein gehackter kandierter Ingwer
- 400 g Zucker
- 225 g Glukosesirup (s. Seite 9)
- 2 TL Essigessenz
- 1 EL Salz
- 1½ EL Currypulver
- 1 TL gemahlener Kreuzkümmel
- einige Tropfen Vanillearoma

ZUBEREITUNG

Zwei Backbleche mit Backpapier belegen. Eine Schüssel dünn mit Butter einfetten. Popcorn, Kokosflocken und Ingwer hineingeben und mischen.

Zucker, Glukosesirup, Essig und Salz mit 150 ml Wasser in einem Topf unter Rühren erhitzen, bis der Zucker sich aufgelöst hat. Die Hitze auf mittlere bis starke Stufe erhöhen und den Sirup etwa 6 Minuten kochen, bis das Zuckerthermometer 135 °C anzeigt. Den Topf vom Herd nehmen. Butter, Currypulver, Kreuzkümmel und Vanillearoma unterrühren. Das Popcorn damit überziehen und alles sorgfältig mit einem Holzlöffel vermengen. Etwas abkühlen lassen.

Mit eingefetteten Händen etwa 30 Kugeln aus der Masse formen. Auf die vorbereiteten Bleche setzen und vollständig erkalten lassen. Die Kugeln einzeln in Frischhaltefolie schlagen, so halten sie sich bis zu 1 Woche.

Ergibt etwa 30 Kugeln.

POPCORNKUGELN MIT KNOBLAUCH UND KÄSE

Die Knoblauchmenge in diesem Rezept scheint gewaltig, doch sie sorgt für die Würze. Die kleinen herzhaften Häppchen sind wunderbare Snacks für einen gemütlichen Fernsehabend oder einfach für zwischendurch.

ZUTATEN
- 4 Knollen Knoblauch
- 2 TL Salz
- 450 g mittelalter Gouda, gerieben
- 1 TL gemahlener Kreuzkümmel
- ½ TL Cayennepfeffer
- 2 Portionen fertiges Popcorn (s. Seite 7/8)
- gesalzene Butter, zum Formen

ZUBEREITUNG
Zwei Backbleche mit Backpapier belegen.

Die Knoblauchzehen abziehen und mit dem Salz sehr fein hacken. Dadurch klebt der Knoblauch nicht zusammen und der Saft wird freigesetzt. Knoblauch mit Käse, Kreuzkümmel und Cayennepfeffer mischen. Popcorn und Käsemischung abwechselnd in eine mikrowellengeeignete Schüssel schichten. Die Schüssel abdecken und bei starker Wattzahl 2 Minuten in die Mikrowelle stellen, aber darauf achten, dass die Masse nicht anbrennt. (Falls die Mikrowelle keine Drehplatte hat, die Schüssel nach der Hälfte der Zeit um 180° drehen.) Etwas abkühlen lassen, dann mit eingefetteten Händen rasch 5 cm große Kugeln aus der Masse formen. Auf die vorbereiteten Bleche setzen und vollständig erkalten lassen. Sofort servieren oder bis zu 4 Tagen aufbewahren.

Ergibt etwa 40 Kugeln.

POPCORN-POWERKUGELN

Diese Kugeln stecken voller Nüsse und Müsli und sind mit Gewürzen und braunem Zucker aromatisiert. Nach der Schule oder dem Sport oder auch bei einem Picknick versorgen sie Sie mit neuer Energie.

ZUTATEN

- 2 Portionen fertiges Popcorn (s. Seite 7/8)
- 120 g grob gehackte und geröstete Walnüsse (s. Seite 9)
- 50 g Knuspermüsli
- 2 EL gesalzene Butter, plus etwas mehr zum Formen
- 2 EL Zucker
- 2 EL brauner Zucker
- 2 EL Zuckerrübensirup
- 2 EL heller Sirup
- 90 g Glukosesirup (s. Seite 9)
- ½ TL Zimt
- ½ TL gemahlener Ingwer

ZUBEREITUNG

Zwei Backbleche mit Backpapier belegen.

Das Popcorn in eine große Schüssel geben. Walnüsse und Müsli untermischen.

Die Butter in einem großen Topf auf niedriger Stufe zerlassen. Beide Zucker- und Sirupsorten, Zimt und Ingwer zufügen und rühren, bis der Zucker sich aufgelöst hat. Die Hitze auf mittlere bis hohe Stufe erhöhen und kochen, bis das Zuckerthermometer 140 °C anzeigt. Das Popcorn rasch damit überziehen und alles vorsichtig und sorgfältig vermengen.

Mit eingefetteten Händen 7,5 cm große Kugeln aus der Masse formen. Auf die vorbereiteten Backbleche setzen und vollständig erkalten lassen. Sofort servieren oder einzeln in Frischhaltefolie schlagen. Dann halten die Kugeln bis zu 1 Woche.

Ergibt etwa 40 Kugeln.

KAKAO-KARAMELL-POPCORN-SCHNITTEN

Von diesen Schnitten werden Sie einfach nicht genug bekommen. Denn der Karamell für dieses Rezept wird mit Kondensmilch hergestellt und ist deshalb besonders cremig.

ZUTATEN

- 4 EL gesalzene Butter, plus etwas mehr zum Einfetten
- 175 g Schokoladentröpfchen
- 600 g Zucker
- 240 ml Kondensmilch
- 1 TL Salz
- einige Tropfen Vanillearoma
- 1 Portion fertiges Popcorn (s. Seite 7/8)

ZUBEREITUNG

Eine Backform (20 cm × 20 cm) dünn mit Butter einfetten.

Die Schokolade in einem Topf sanft schmelzen. Zucker, Kondensmilch, Butter und Salz mit 340 ml Wasser zufügen und rühren, bis der Zucker sich vollständig aufgelöst hat. Die Hitze auf mittlere bis hohe Stufe erhöhen und kochen, bis das Zuckerthermometer 110 °C anzeigt. Den Topf vom Herd nehmen und das Vanillearoma unterrühren. Das Popcorn zufügen und vorsichtig und sorgfältig unterziehen. Die Masse in die vorbereitete Form drücken und die Oberfläche glätten. Vor dem Servieren vollständig erkalten lassen, dann in 9 Riegel schneiden. Sie halten sich bis zu 4 Tage.

Ergibt 9 Riegel.

ROSA POPCORNRIEGEL

Die Cranberrys lassen sich durch kleine bunte Schokolinsen ersetzen, wie etwa orangefarbene und schwarze für Halloween oder rote und grüne zu Weihnachten. Die Riegel sind sehr süß und sollten deshalb recht klein geschnitten werden.

ZUTATEN

- 4 EL gesalzene Butter, plus etwas mehr zum Einfetten
- 100 g Mini-Marshmallows
- 60 ml Honig
- rote Lebensmittelfarbe
- ⅔ Portionen fertiges Popcorn (s. Seite 7/8)
- 350 g getrocknete Cranberrys
- 1 TL Salz, zum Bestreuen

ZUBEREITUNG

Eine Backform (24 cm × 32 cm) dünn mit Butter einfetten.

Marshmallows, Butter und Honig in einem großen Topf auf niedriger Stufe schmelzen. Wenn die Masse glatt ist, mit etwas Lebensmittelfarbe rosa einfärben. Popcorn und Cranberrys vorsichtig und sorgfältig untermischen.

Die Masse in die vorbereitete Form drücken und die Oberfläche glätten. Mit Salz bestreuen. Vollständig erkalten lassen, dann in 24 Riegel schneiden. Sie halten sich bis zu 4 Tage.

Ergibt 24 Riegel.

AHORNSCHNITTEN

Dieses Rezept ist dem für Karamell-Popcorn sehr ähnlich, doch haben diese Riegel das feine, besondere Aroma von Ahornsirup. Pekannüsse sorgen für zusätzlichen Biss und Geschmack.

ZUTATEN

- gesalzene Butter, zum Einfetten
- 1⅓ Portionen fertiges Popcorn (s. Seite 7/8)
- 120 g grob gehackte Pekannüsse
- 240 ml Ahornsirup
- 175 g brauner Zucker

ZUBEREITUNG

Eine Backform (20 cm × 20 cm) dünn mit Butter einfetten. Das Popcorn in eine große Schüssel geben und die Nüsse untermischen.

Ahornsirup und Zucker mit 60 ml Wasser in einem großen Topf unter häufigem Rühren sanft erhitzen, bis der Zucker sich aufgelöst hat. Die Hitze auf mittlere bis hohe Stufe erhöhen und den Sirup kochen, bis das Zuckerthermometer 112 °C anzeigt. Das Popcorn damit überziehen und alles vorsichtig und sorgfältig vermengen. Die Masse in die vorbereitete Form drücken und die Oberfläche glätten. Vor dem Servieren vollständig erkalten lassen, dann in 9 Riegel schneiden. Sofort servieren. Sie halten sich bis zu 4 Tage.

Ergibt 9 Riegel.

POPCORNKUGELN MIT WHISKY

Ein wirklich raffinierter Snack, aber nur für Erwachsene! Das nussige Aroma des Popcorns passt sehr gut zum Whisky. Die feinherbe Schokolade lässt die Zuckersüße etwas in den Hintergrund treten. Verwenden Sie deshalb Schokolade mit mindestens 70 Prozent Kakaoanteil.

ZUTATEN

- 1⅓ Portionen fertiges Popcorn (s. Seite 7/8)
- 120 g Butter, plus etwas mehr zum Formen
- 80 g brauner Zucker
- 120 ml Whisky
- 1 TL Salz
- 50 g Zartbitterschokolade, geschmolzen (s. Seite 9), zum Garnieren

ZUBEREITUNG

Zwei Backbleche mit Backpapier belegen.

Das Popcorn in eine große Schüssel geben.

Die Butter in einem mittleren Topf auf niedriger Stufe zerlassen. Zucker, Whisky und Salz zufügen und rühren, bis der Zucker sich aufgelöst hat. Die Hitze auf mittlere bis hohe Stufe erhöhen und den Karamell 2 Minuten kochen. Das Popcorn damit überziehen und alles vorsichtig und sorgfältig vermengen. Etwas abkühlen lassen. Mit eingefetteten Händen 10 Kugeln aus der Masse formen. Auf die vorbereiteten Backbleche setzen und vollständig erkalten lassen. Dann mit der flüssigen Schokolade beträufeln. Sofort servieren. Die Kugeln halten sich bis zu 3 Tage.

Ergibt 10 Kugeln.

WALNUSS-POPCORN-RIEGEL MIT DATTELN

*Die Karamellschokolade in diesem Rezept harmoniert wunderbar mit den
Dattel- und Walnussaromen. Mit Vanilleeis und Karamellsauce wird daraus
ein toller Nachtisch.*

ZUTATEN

- 120 g gesalzene Butter, plus etwas mehr zum Einfetten
- 1 Portion fertiges Popcorn (s. Seite 7/8)
- 120 g grob gehackte Walnüsse
- 200 g fein gehackte entsteinte Datteln
- 300 g Mini-Marshmallows
- 175 g Sahnekaramellbonbons, gehackt

ZUBEREITUNG

Eine Backform (24 cm × 32 cm) dünn mit Butter einfetten.

Das Popcorn in eine große Schüssel geben. Walnüsse und Datteln untermischen. Butter, Marshmallows und Sahnekaramellbonbons in einem großen Topf unter häufigem Rühren sanft erhitzen, bis alle Zutaten geschmolzen sind und die Masse glatt ist. Das Popcorn damit überziehen und alles vorsichtig und sorgfältig vermengen. Die Masse in die vorbereitete Form drücken und die Oberfläche glätten. Vor dem Servieren vollständig erkalten lassen, dann in 24 Riegel schneiden. Sie halten sich bis zu 4 Tage.

Ergibt 24 Riegel.

TIPP

Sie können anstatt der Sahnekaramellbonbons auch zur Hälfte Erdnussbutter und Schokoladentröpfchen nehmen.

Kapitel 3

HAUPTGERICHTE UND DESSERTS

Popcorn ist auch für vollwertige Mahlzeiten erstaunlich vielseitig
einsetzbar. Es kann fein gemahlene Semmelbrösel ersetzen oder
mit Garnelen gebraten oder gemahlen für Tortillas verwendet
werden. Und bei Desserts können Sie Popcorn in Plätzchen oder
zum Garnieren von Törtchen und Eiscreme nutzen.

POPCORN-HACKBRATEN

Ersetzt man Semmelbrösel durch Popcorn, bleibt der Hackbraten glutenfrei. Eine gute Rinderbrühe und frische Kräuter runden das Hackfleisch geschmacklich ab. Servieren Sie den Braten mit Kartoffeln, Gemüse und einer leckeren Sauce.

ZUTATEN

- gesalzene Butter, zum Einfetten
- ⅔ Portionen fertiges Popcorn (s. Seite 7/8)
- 550 g mageres Rinderhackfleisch
- 1 mittlere Zwiebel, fein gehackt
- 2 EL Vollmilch
- 1 Ei, leicht verquirlt
- 3 EL frisch gehackte Petersilie
- 1 EL frische Thymianblätter
- 2 TL konzentrierte Rinderbrühe
- 2 TL Sojasauce
- 2 TL Worcestersauce
- 1 Knoblauchzehe, fein gehackt oder zerdrückt
- 1 TL Salz
- frisch gemahlener schwarzer Pfeffer, zum Abschmecken
- 50 ml Tomatenketchup

ZUBEREITUNG

Den Backofen auf 180 °C vorheizen. Eine Kastenform (20 cm × 10 cm) dünn mit Butter einfetten.

Das Popcorn im Mixer sehr fein mahlen. In eine große Schüssel geben und mit Hackfleisch, Zwiebel, Milch, Ei, Petersilie, Thymian, Rinderbrühe, Sojasauce, Worcestersauce, Knoblauch, Salz und Pfeffer sorgfältig – mit einem Holzlöffel oder von Hand – vermengen. Die Masse in die vorbereitete Form drücken und mit dem Ketchup bestreichen. Im vorgeheizten Ofen 60 Minuten backen, bis das Hackfleisch durchgegart ist. Den Hackbraten 10 Minuten abkühlen lassen, dann in Scheiben schneiden und sofort servieren.

Für 4 Personen.

TILAPIAFILET IN PILZ-POPCORN-PANADE

Tilapia ist ein wunderbarer Fisch mit festem weißem Fleisch, der sich auf viele Arten zubereiten lässt – so wie hier in einer Panade aus gemahlenem Popcorn, Pilzen und Kräutern ist er besonders lecker. 1 Prise Cayennepfeffer sorgt für den nötigen Kick.

ZUTATEN

- ½ Portion fertiges Popcorn (s. Seite 7/8)
- 25 g getrocknete Steinpilze oder Shiitake-Pilze
- 2 TL getrockneter Oregano
- 2 TL getrocknetes Basilikum
- 1 TL Knoblauchpulver
- 1 TL Zwiebelpulver
- 1½ TL Salz
- 1 TL gemahlener Kreuzkümmel
- ½ TL Cayennepfeffer (nach Belieben)
- 1 Ei, leicht verquirlt
- 1–2 EL Pflanzenöl
- 4 Tilapiafilets

ZUBEREITUNG

Den Backofen auf 140 °C vorheizen.

Popcorn, Pilze, Oregano, Basilikum, Knoblauch- und Zwiebelpulver, Salz, Kreuzkümmel und, falls verwendet, Cayennepfeffer im Mixer feinkrümelig mahlen. In eine breite, flache Form füllen. Das Ei in eine zweite Form geben.

Das Öl in einer großen Pfanne erhitzen. Die Fischfilets erst im Ei und dann in der Popcornmischung wenden, sodass sie vollständig eingehüllt sind. Die Fischfilets nacheinander auf mittlerer bis hoher Stufe etwa 3 Minuten von jeder Seite im heißen, aber nicht rauchenden Öl goldbraun und gar braten. Fertige Filets im Ofen warm halten. Sofort servieren.

Für 4 Personen.

TIPP

Die Filets lassen sich auch im Ofen zubereiten. Dazu ein Backblech mit Öl einsprühen oder einpinseln, die Fischfilets darauflegen und 15 Minuten bei 190 °C backen.

KNUSPRIGE HÄHNCHENSTICKS

Anstatt wie gewohnt in Semmelbröseln panieren Sie Hähnchenfleisch doch mal in gemahlenem Popcorn, das mit 11 Kräutern und Gewürzen aromatisiert wird. Das schmeckt einfach sensationell. Wenn Sie das Rezept komplett glutenfrei halten wollen, ersetzen Sie das Weizenmehl durch Reismehl. Dazu passen Kraut- oder Kartoffelsalat.

ZUTATEN

- ½ Portion fertiges Popcorn (s. Seite 7/8)
- 2 TL Paprikapulver
- 1 TL getrockneter Thymian
- 1 TL getrockneter Oregano
- 1 TL getrockneter Majoran
- 1 TL gemahlener Ingwer
- 1 TL getrockneter Salbei
- 1 TL Selleriesalz
- 1 TL Knoblauchpulver
- ½ TL zerstoßene getrocknete Chiliflocken
- 1 TL frisch gemahlener schwarzer Pfeffer
- ½ TL Salz
- 50 g Weizen- oder Reismehl
- 1 großes Ei, verquirlt
- 500 g Hähnchenbrustfilet
- 3 EL Pflanzenöl
- 1 EL gesalzene Butter

ZUBEREITUNG

Das Popcorn mit sämtlichen Kräutern und Gewürzen im Mixer grobkrümelig mahlen und in einer breiten, flachen Form verteilen. Auch Mehl und Ei jeweils in eine flache Form geben.

Das Hähnchenfleisch in etwa 1,5 cm breite Streifen schneiden und mit Küchenpapier trocken tupfen. Die Streifen erst im Mehl, dann im Ei und zuletzt in der Popcornmischung wenden, bis sie vollständig damit eingehüllt sind.

Öl und Butter in einer großen Pfanne erhitzen. Die Hähnchensticks portionsweise auf mittlerer bis hoher Stufe im heißen, aber nicht rauchenden Fett rundum goldbraun und gar braten. Gegebenenfalls noch etwas Öl nachgießen. Fertige Hähnchensticks im Ofen warm halten. Sofort servieren.

Für 4 Personen.

GARNELEN-POPCORN-PFANNE

Dieser würzig-pikante Garnelencocktail mit aromatischer Knoblauchbutter, Minze, Käse und Petersilie eignet sich prima als kleine Vorspeise oder als Teil eines Büfetts.

ZUTATEN

- 1 EL ungesalzene Butter
- 50 g Popcornmais
- 2 TL geräuchertes Paprikapulver (Pimentón, gut sortierter Supermarkt)
- 1 TL getrockneter Thymian
- 1 TL gemahlener Kreuzkümmel
- 1 TL getrocknete Chiliflocken
- ½ TL Salz
- 1 TL frisch gemahlener schwarzer Pfeffer
- 4 EL gesalzene Butter
- 3 Knoblauchzehen, fein gehackt oder zerdrückt
- 280 g kleine geschälte gegarte Garnelen
- 40 g grob gehackte glatte Petersilie
- 25 g grob gehackte frische Minze
- 2 Chilis (vorzugsweise Jalapeño), in feinen Ringen
- 125 g mittelalter Gouda, fein gerieben

ZUBEREITUNG

Ungesalzene Butter und Maiskörner in einen großen Topf geben und den Deckel aufsetzen. Unter häufigem Topfrütteln etwa 4 Minuten stark erhitzen, bis nur noch alle paar Sekunden zwei bis drei Körner platzen. Den Topf vom Herd nehmen und 2 Minuten stehen lassen, bis keine Körner mehr platzen. Das Popcorn in eine große Schüssel geben. Paprikapulver, Thymian, Kreuzkümmel, Chiliflocken, Salz und Pfeffer untermischen.

Nun die gesalzene Butter in einer großen Pfanne auf niedriger bis mittlerer Stufe zerlassen. Den Knoblauch darin 2 Minuten unter ständigem Rühren anbraten, aber nicht zu dunkel werden lassen, da er sonst bitter schmeckt. Die Garnelen zufügen und etwa 30 Sekunden unter Rühren anbraten. Die Garnelenmischung über das Popcorn geben. Petersilie, Minze, Chilis und Käse zufügen und alles vorsichtig und sorgfältig vermengen. In eine Servierschüssel füllen und sofort servieren – entweder als Teil eines Büfetts oder als Einzelportionen in kleinen Schalen.

Für 6 Personen.

POPCORNSALAT

Die Zutaten sollten erst unmittelbar vor dem Servieren vermengt werden. Servieren Sie diesen Salat als Ersatz für einen Krautsalat auf einem Büfett oder beim Grillabend.

ZUTATEN

- 2 Portionen fertiges Popcorn (s. Seite 7/8)
- 12 Scheiben Frühstücksspeck
- 250 g fein gehackter Stangensellerie
- 225 g mittelalter Gouda, fein gerieben
- 225 g gut abgetropfte Wasserkastanien, in feinen Scheiben (Asia-Shop oder gut sortierter Supermarkt)
- 125 g Frühlingszwiebeln, in feinen Ringen
- 1 rote Paprika, klein gewürfelt
- 1 TL Salz
- 1 TL frisch gemahlener schwarzer Pfeffer
- 250 ml Mayonnaise

ZUBEREITUNG

Das Popcorn in eine große Servierschüssel geben.

Den Speck in einer Pfanne, gegebenenfalls portionsweise, auf mittlerer bis hoher Stufe ohne Fett braten, bis er knusprig ist. Auf Küchenpapier abtropfen lassen und zerkrümeln.

In einer zweiten Schüssel Sellerie, Käse (etwas für die Garnierung zurückbehalten), Wasserkastanien, Frühlingszwiebeln, Paprika, Salz, Pfeffer und Mayonnaise verrühren. Zum Popcorn geben und alles vorsichtig und sorgfältig vermengen. Mit dem restlichen Käse und dem Speck bestreuen und sofort servieren.

Für 10–12 Personen.

POPCORN-NACHOS

Hier werden Popcorn, Chilis, Tomaten, Käse und Koriander geschichtet. Saure Sahne und Guacamole sollten erst unmittelbar vor dem Servieren darübergegeben werden. Stellen Sie die Platte in die Tischmitte, damit sich jeder mit einer Gabel bedienen kann.

ZUTATEN

- 2 EL gesalzene Butter, plus etwas mehr zum Einfetten
- 2 Portionen fertiges Popcorn (s. Seite 7/8)
- 1–2 TL Chilipulver
- 60 g gut abgetropfte schwarze Oliven
- 1 EL grob gehackte Chilis (vorzugsweise Jalapeños)
- 2 EL frische Tomaten, entkernt und gewürfelt
- 175 g mittelalter Gouda, fein gerieben
- 50 g grob gehackter Koriander
- saure Sahne und Guacamole (siehe Tipp)

ZUBEREITUNG

Den Backofen auf 140 °C vorheizen. Ein Backblech dünn mit Butter einfetten.

Das Popcorn in eine große Schüssel geben. Die Butter in einem kleinen Topf bei kleiner Hitze zerlassen. Das Popcorn mit der zerlassenen Butter überziehen und mit dem Chilipulver bestreuen. Alles vorsichtig und sorgfältig vermengen.

Ein Drittel des Popcorns auf das Backblech geben und je ein Drittel Oliven, Chilis, Tomaten und Käse darauf verteilen. Ebenso mit den restlichen Zutaten verfahren, bis alles aufgebraucht ist.

Im vorgeheizten Ofen 10 Minuten überbacken, bis der Käse geschmolzen ist. Mit Koriander garnieren und sofort mit saurer Sahne und Guacamole servieren.

Für 8 Personen.

TIPP

Für eine selbst gemachte Guacamole das Fruchtfleisch von 3 Avocados zerdrücken und mit 1 klein gewürfelten Tomate, dem Saft von 1 Limette, 1 fein gehackten roten Zwiebel, 1 entkernten und klein gehackten roten Chili und 1 Bund fein gehacktem Koriander verrühren.

PIKANTES MEXIKANISCHES POPCORNBROT

Dieses bunte und pikante Brot ist eine interessante Variante des traditionellen mexikanischen Maisbrotes. Hier wird das Mehl durch gepuffte und gemahlene Maiskörner ersetzt. Sie können das Brot nach Ihrem Geschmack mit Chili etwas milder oder schärfer würzen.

ZUTATEN

- gesalzene Butter, zum Einfetten
- ½ Portion fertiges Popcorn (s. Seite 7/8)
- 250 g Maismehl oder feine Polenta
- 2 TL Salz
- 2 TL frisch gemahlener schwarzer Pfeffer
- 1 TL Backpulver
- 1 TL Natron
- 40 g fein gehackte Frühlingszwiebeln, nur der grüne Teil
- 120 g mittelalter Gouda, fein gerieben
- 1–2 milde oder scharfe rote Chilis, fein gehackt
- 2 Eier
- 350 ml Buttermilch
- 400 g pürierter Gemüsemais
- 60 ml Olivenöl

ZUBEREITUNG

Den Backofen auf 190 °C vorheizen. Eine Backform (24 cm × 32 cm) dünn mit Butter einfetten.

Das Popcorn im Mixer fein mahlen. In eine große Schüssel füllen und mit Maismehl, Salz Pfeffer, Backpulver, Natron, Frühlingszwiebeln, Käse und Chilis mischen.

In einer zweiten Schüssel die Eier mit Buttermilch, püriertem Mais und Olivenöl verquirlen. Eine Mulde in die Trockenzutaten machen und die Buttermilchmischung hineingießen. Alles rasch zu einem groben Teig verrühren.

Den Teig in die vorbereitete Form füllen und im vorgeheizten Ofen 35–40 Minuten goldbraun backen. Das Brot 10 Minuten abkühlen lassen, dann aus der Form lösen und auf einem Kuchengitter erkalten lassen.

Zum Servieren in Quadrate schneiden.

Ergibt 1 Brot.

POPCORN-TORTILLAS

Besonders einfach wird die Zubereitung dieser Fladenbrote mit einer Tortillapresse.
Wenn man den Teig zwischen zwei Lagen Frischhaltefolie ausrollt, erhält man aber auch gute
Resultate. Die Mühe lohnt sich, selbst gefertigte Tortillas schmecken viel besser als gekaufte.

ZUTATEN

- ⅔ Portionen fertiges Popcorn (s. Seite 7/8)
- 275 g Maismehl (eventuell etwas mehr)
- ½ TL Salz
- 1 EL Pflanzenöl
- 240 ml Wasser

ZUBEREITUNG

Das Popcorn im Mixer fein mahlen und in eine große Schüssel füllen. Mit den restlichen Zutaten zu einem festen Teig verarbeiten. (Das Kneten geht leichter, wenn Sie das Wasser nach und nach einarbeiten.) Wenn sich der Teig beim Kneten zu trocken anfühlt, noch etwas zusätzliches Wasser einarbeiten. Falls er zu feucht oder klebrig ist, noch etwas Maismehl unterkneten. Anders als Mürbeteig nimmt Tortillateig keinen Schaden, wenn man ihn lange knetet.

Golfballgroße Teigportion abnehmen und zu glatten Kugeln formen. Falls keine Tortillapresse vorhanden ist, den Teig zwischen zwei Lagen Frischhaltefolie zu 15 cm großen Kreisen ausrollen. Bei Verwendung einer Tortillapresse den Teig ebenfalls zwischen zwei Lagen Frischhaltefolie flach drücken.

Den Teigfladen in eine heiße Pfanne geben und 30–40 Sekunden ohne Fett braten. Vorsichtig wenden und etwa 1 Minute backen. Dabei sollte der Teig leicht aufgehen. Erneut wenden und weitere 30–40 Sekunden backen. Aus der Pfanne nehmen und warm halten, bis alle Tortillas fertig sind.

Ergibt etwa 10 Tortillas.

TIPP

Zusätzlich Aroma erhalten Ihre Tortillas, wenn Sie 3 Esslöffel gehackten Koriander oder Basilikum oder alternativ 1 zerdrückte Knoblauchzehe, fein gemahlenen Pfeffer oder Leinsaat in den Teig einarbeiten.

GEFÜLLTE PILZE

Diese Pilze mit Schalotten, aromatischer Petersilie und würzigem Blauschimmelkäse sind eine leckere kleine Mahlzeit oder Vorspeise. Für die Füllung wird anstelle von Semmelbröseln gemahlenes Popcorn verwendet – eine schmackhafte Abwechslung und ganz glutenfrei.

ZUTATEN

- ¹⁄₁₀ Portion fertiges Popcorn (s. Seite 7/8)
- 4 EL gesalzene Butter
- 4 große, flache braune Champignons
- 2 Schalotten, fein gehackt
- 175 g Blauschimmelkäse, zerkrümelt
- 50 g frisch gehackte Petersilie
- Salz
- frisch gemahlener schwarzer Pfeffer

ZUBEREITUNG

Das Popcorn im Mixer fein mahlen.

Den Backofen auf 170 °C vorheizen. Vier kleine Gratinformen mit der Hälfte der Butter einfetten. Die Stiele vorsichtig aus den Pilzen herausdrehen und fein hacken. Die Pilzkappen mit feuchtem Küchenpapier abwischen.

Die restliche Butter in einem kleinen Topf auf niedriger Stufe zerlassen. Gehackte Pilzstiele und Schalotten darin weich dünsten. Den Topf vom Herd nehmen und 5 Minuten abkühlen lassen. Käse, Petersilie und Popcorn untermischen. Mit Salz und Pfeffer abschmecken. Die Pilzkappen damit füllen.

Je 1 Pilz in die vorbereiteten Förmchen setzen und im vorgeheizten Ofen etwa 20 Minuten goldbraun backen. Sofort servieren.

Für 4 Personen.

POPCORN-MACARONS

Macarons sind eine elegante, feine Gebäckspezialität aus Frankreich und ein hübsches Mitbringsel.
Dafür wird mein Karamell-Pekannuss-Popcorn verwendet – absolut unwiderstehlich!

ZUTATEN

- 3 Eiweiß
- 120 g fein gemahlene abgezogene Mandeln
- 250 g Puderzucker
- 20 g Karamell-Pekannuss-Popcorn (s. Seite 102)
- 2 EL Zucker
- ½ TL Weinsteinbackpulver

Schokoladenfüllung
- 200 g Zartbitterschokolade, gehackt
- 170 g Schlagsahne, plus 2 EL extra
- 1 TL Weinbrand (nach Belieben)
- 1 EL gesalzene Butter

ZUBEREITUNG

Falls möglich, bereits 3 Tage vorher die Eier trennen und das Eiweiß abgedeckt im Kühlschrank aufbewahren. Vor der Zubereitung das Eiweiß auf Zimmertemperatur erwärmen lassen.

Zwei Backbleche mit Backpapier belegen. 20 Kreise mit 5 cm Durchmesser aufzeichnen, damit die Macarons alle gleich groß werden.

Mandeln und Puderzucker fein mahlen, bis die Zutaten gemischt sind. In eine Schüssel füllen. Nun das Popcorn in der Küchenmaschine grob zermahlen, in eine Schüssel füllen und beiseitestellen.

In einer Schüssel das Eiweiß mit dem Handmixer auf niedriger Stufe aufschlagen. Die Geschwindigkeit erhöhen und dabei Zucker und Backpulver einrieseln lassen. Weiterrühren, bis die Masse steif und glänzend ist. Die Mandelmischung unterziehen.

Die Masse in einen Spritzbeutel mit Lochtülle (1,25 cm Durchmesser) füllen und 5 cm große Kreise auf die vorbereiteten Bleche spritzen. Falls die Masse Spitzen zieht, mit befeuchteten Fingern vorsichtig verstreichen. Die Bleche kräftig auf die Arbeitsfläche schlagen, damit Luftblasen aus den Macarons herausgetrieben werden. Die Hälfte der Macarons mit den Popcornkrümeln bestreuen. Bei Zimmertemperatur 1 Stunde trocknen lassen, bis sie nicht mehr klebrig sind.

Inzwischen den Backofen auf 170 °C vorheizen. Die Macarons 10–15 Minuten backen, bis sich eine leichte Kruste gebildet hat. Etwa 5 Minuten abkühlen lassen, dann die Macarons vorsichtig vom Backpapier abziehen und vollständig erkalten lassen.

Für die Schokoladenfüllung Schokolade und Sahne in einem mittelgroßen Topf unter gelegentlichem Rühren sanft erhitzen, bis die Schokolade geschmolzen ist. Weinbrand, falls verwendet, und Butter unterrühren, bis eine glatte Creme entstanden ist. Vollständig erkalten lassen. Die Creme auf den Macarons ohne Popcorn verteilen, dann die Macarons mit Popcorn daraufsetzen. Vor dem Servieren 30 Minuten kalt stellen.

Ergibt etwa 10 Stück.

KARAMELL-POPCORN-CUPCAKES

Diese Cupcakes sind herrlich luftig und werden mit einer leckeren Karamellcreme und Karamell-Pekannuss-Popcorn garniert. Das verleiht ihnen Süße und Extrabiss.

ZUTATEN

- 120 g gesalzene Butter, plus etwas mehr zum Einfetten
- ⅕ Portion fertiges Popcorn (s. Seite 7/8)
- 275 g Mehl
- 175 g brauner Zucker
- 1 Päckchen Backpulver
- 2 große Eier
- 280 g saure Sahne
- einige Tropfen Vanillearoma

Karamellcreme mit Splittern
- 200 g Zucker
- 160 g sehr weiche gesalzene Butter
- 140 g Puderzucker
- 80 g Karamell-Pekannuss-Popcorn (s. Seite 102), zum Garnieren

ZUBEREITUNG

Den Backofen auf 200 °C vorheizen. Eine 12er-Muffinform mit Papierförmchen auskleiden und ein Backblech dünn mit Butter einfetten.

Die Butter in einem kleinen Topf auf niedriger Stufe zerlassen und etwas abkühlen lassen. Das Popcorn im Mixer fein mahlen.

Mehl, Popcorn, Zucker und Backpulver in einer mittleren Schüssel mischen. In einer zweiten Schüssel die Eier verquirlen und saure Sahne, Vanillearoma und Butter unterrühren. Zu den Trockenzutaten gießen und rasch zu einem groben Teig verarbeiten (er sollte noch klumpig sein, also nicht zu lange rühren). Den Teig in die vorbereiteten Förmchen füllen und im vorgeheizten Ofen etwa 25 Minuten backen. Die Cupcakes 5 Minuten abkühlen lassen, dann aus der Form lösen und auf einem Kuchengitter vollständig erkalten lassen.

Für die Karamellsplitter den Zucker in einen großen Topf geben und etwas schütteln, damit er sich gleichmäßig verteilt. Bei kleiner Hitze schmelzen, dabei den Topf schwenken, damit der Sirup nicht am Rand verbrennt. Wenn der Sirup goldfarben ist, auf das vorbereitete Backblech gießen und fest werden lassen, dann in kleine Splitter brechen.

Für die Karamellcreme Butter und Puderzucker mit dem Handmixer glatt rühren. Die Karamellsplitter einarbeiten. Vor dem Servieren die Creme in eine Spritztülle füllen und auf die Cupcakes spritzen. Mit etwas Karamell-Pekannuss-Popcorn garnieren.

Ergibt 12 Cupcakes.

POPCORNMUFFINS MIT BLAUBEEREN UND WEISSER SCHOKOLADE

Bei diesen Muffins mit gemahlenem Popcorn und Buttermilch wird die Süße der weißen Schokolade durch die Frische der Blaubeeren ausgeglichen. Nach Belieben können Sie auch Zartbitterschokolade verwenden.

ZUTATEN

- ⅕ Portion fertiges Popcorn (s. Seite 7/8)
- 175 g Mehl
- 1 Päckchen Backpulver
- 1 Prise Salz
- 100 g Zucker
- 175 g weiße Schokolade, gehackt
- 2 große Eier
- 6 EL Pflanzenöl
- 250 ml Buttermilch
- einige Tropfen Vanillearoma
- 100 g frische Blaubeeren

ZUBEREITUNG

Das Popcorn im Mixer fein mahlen.

Den Backofen auf 200 °C vorheizen. Eine 12er-Muffinform mit Papierförmchen auskleiden. Mehl, Backpulver und Salz in eine Schüssel sieben. Popcorn, Zucker und Schokolade unterrühren. In einer zweiten Schüssel die Eier mit Öl, Buttermilch und Vanillearoma verquirlen.

Eine Vertiefung in die Trockenzutaten drücken. Die Buttermilchmischung hineingießen und alles rasch zu einem groben Teig verarbeiten (er sollte noch klumpig sein, also nicht zu lange rühren). Die Blaubeeren unterheben. Den Teig in die Förmchen füllen und im vorgeheizten Ofen 20–25 Minuten backen. Die Muffins 5 Minuten abkühlen lassen, dann aus der Form lösen und auf ein Kuchengitter setzen. Lauwarm servieren oder vollständig erkalten lassen.

Ergibt 12 Muffins.

TIPP

Als Variante können Sie die Blaubeeren weglassen und statt weiße dunkle Schokoladentröpfchen und 60 g gehackte Pekannüsse verwenden. Die Blaubeeren können auch durch die entsprechende Menge an in Stücke geschnittenen Erdbeeren ersetzt werden.

KARAMELL-POPCORN-BROWNIES

Es müssen nicht immer Schokoladenbrownies sein. Warum probieren Sie nicht mal diese Variante mit köstlichem Karamell? Das Popcorn verleiht dem Teig eine ganz besondere Textur.

ZUTATEN

- gesalzene Butter, zum Einfetten
- ⅓ Portion fertiges Popcorn (s. Seite 7/8)
- 175 g brauner Zucker
- 60 ml Pflanzenöl
- 1 Ei
- 120 g grob gehackte Pekannüsse
- 100 g gehackte Sahnekaramellbonbons
- einige Tropfen Vanillearoma
- 50 g Mehl
- 1 TL Backpulver
- ½ TL Salz

ZUBEREITUNG

Den Backofen auf 180 °C vorheizen. Eine Backform (20 cm × 20 cm) dünn mit Butter einfetten und den Boden mit Backpapier belegen.

Das Popcorn im Mixer fein mahlen.

Zucker, Öl und Ei in einer großen Schüssel glatt rühren. Pekannüsse, Bonbons und Vanillearoma unterziehen. In einer zweiten Schüssel Popcorn, Mehl, Backpulver und Salz mischen. In die Zuckermischung geben und gut unterrühren. Den Teig in die vorbereitete Form füllen und im vorgeheizten Ofen 20 Minuten backen. In der Form abkühlen lassen. Noch warm in 9 Stücke schneiden.

Ergibt 9 Stück.

TIPP

Diese Brownies schmecken auch mit Schokoladen- und Erdnussgeschmack. Ersetzen Sie die Sahnekaramellbonbons durch gehackte Erdnüsse und mischen Sie 50 g Zartbitterschokoladenstückchen und 1 Esslöffel Kakaopulver unter das Mehl.

FRUCHTIGE POPCORN-COOKIES

*Diese Cookies stecken voller leckerer Zutaten, und mit Kokosflocken, Rosinen,
Weizenkeime und Haferflocken sind sie ein idealer Energielieferant für die Arbeit oder Schule.
Kinder finden die Idee von Plätzchen mit Popcorn bestimmt besonders reizvoll.*

ZUTATEN

- 120 g weiche gesalzene Butter,
  plus etwas mehr zum Einfetten
- 50 g Mehl
- 2 TL Backpulver
- ½ TL Natron
- ½ TL Salz
- 175 g brauner Zucker
- 1 großes Ei, verquirlt
- einige Tropfen Vanillearoma
- 140 g geröstete Weizenkeime
  (Reformhaus oder Bioladen)
- 40 g Haferflocken
- 40 g Kokosflocken
- ½ Portion fertiges Popcorn (s. Seite 7/8)
- 175 g Rosinen
- 60 g grob gehackte Pekannüsse

ZUBEREITUNG

Den Backofen auf 180 °C vorheizen. Zwei Backbleche mit Backpapier belegen und dünn mit Butter einfetten.

Mehl, Backpulver, Natron und Salz in eine kleine Schüssel sieben. In einer größeren Schüssel Butter und Zucker kurz mit einem Holzlöffel glatt rühren. Nach und nach das Ei, dann das Vanillearoma unterrühren. Mehl abwechselnd mit Weizenkeimen, Haferflocken, Kokosflocken, Popcorn, Rosinen und Nüssen unterziehen. Teelöffelgroße Teigportionen mit 5 cm Abstand auf die vorbereiteten Bleche setzen.

Im vorgeheizten Ofen 7–8 Minuten backen, bis die Cookies am Rand Farbe annehmen. Die Cookies 5 Minuten abkühlen lassen, dann auf einem Kuchengitter vollständig erkalten lassen.

Ergibt etwa 45 Stück.

EISCREME MIT KARAMELLPOPCORN UND PEKANNUSS

In diesem cremigen Vanilleeis versteckt sich mein Lieblingspopcorn mit Karamell und Pekannüssen (s. Seite 102). Probieren Sie es erst gar nicht mit anderem Karamellpopcorn; das Popcorn bleibt schön knusprig, selbst in einem Dessert, weil es von einer Hülle aus knusprigem Karamell umgeben ist. Servieren Sie die Eiscreme nach Belieben mit Karamellsauce und zusätzlichem Karamell-Pekannuss-Popcorn.

ZUTATEN

- 4 Eigelb
- 130 g Zucker
- 140 ml Vollmilch
- 420 g Schlagsahne
- einige Tropfen Vanillearoma
- ¼ Portion Karamell-Pekannuss-Popcorn (s. Seite 102), plus etwas mehr zum Garnieren
- Karamellsauce, zum Servieren

ZUBEREITUNG

Eigelb und Zucker in einer großen, hitzebeständigen Schüssel cremig rühren. Milch und 140 g Sahne in einem mittelgroßen Topf auf mittlerer Stufe bis knapp unter den Siedepunkt erhitzen. Die Milch-Sahne-Mischung unter Rühren in die Eiermasse gießen. Die Schüssel auf ein Wasserbad setzen und rühren, bis die Eiersahne eindickt und auf einem Löffelrücken haften bleibt. Durch ein Haarsieb in eine Schüssel gießen und erkalten lassen.

Die restliche Sahne in einer Schüssel steif schlagen und die Eiersahne mit dem Vanillearoma unterziehen. Die Masse in einen gefriergeeigneten Behälter mit Deckel füllen und für etwa 2 Stunden ins Gefrierfach geben, bis sie am Rand gefroren ist. Glatt rühren und das Popcorn unterheben. Ins Gefrierfach stellen, bis das Eis fest ist.

Das Eis etwa 15 Minuten vor dem Servieren aus dem Gefrierfach nehmen, damit es weicher wird.

Eiskugeln in gut gekühlten Eisbechern anrichten. Mit Karamellsauce überziehen und mit Karamell-Pekannuss-Popcorn garnieren.

Für 4 Personen.

POPCORN-PARTYKUCHEN

Mit Popcorn ist im Handumdrehen ein origineller Partykuchen zubereitet. Sie können ihn je nach Jahreszeit oder Anlass farblich anders gestalten und landen damit immer einen Volltreffer!

ZUTATEN

- 4 EL gesalzene Butter, gewürfelt, plus etwas mehr zum Einfetten
- 450 g Mini-Marshmallows
- 20 Sahnekaramellbonbons
- 1⅓ Portionen fertiges Popcorn (s. Seite 7/8)
- 130 g ungeröstete, ungesalzene Erdnüsse
- 30 g Salzbrezeln oder -stangen, grob zerkleinert
- 200 g kleine bunte Schokolinsen

ZUBEREITUNG

Eine Springform (26 cm) großzügig mit Butter einfetten.

Butter, Marshmallows und Sahnekaramellbonbons in einer großen Pfanne unter gelegentlichem Rühren sanft erhitzen, bis die Zutaten geschmolzen sind. Popcorn, Erdnüsse, Salzgebäck und Schokolinsen in einer großen Schüssel mischen und mit der Buttermischung überziehen. Alles vorsichtig und sorgfältig vermengen. Die Masse in die vorbereitete Form drücken, die Oberfläche glätten und bei Zimmertemperatur fest werden lassen. Aus der Form lösen und mit einem Brotmesser in Stücke schneiden.

Ergibt etwa 12 Stück.

POPCORN-SCHOKOLADENTORTE

Knusprige Baisers gefüllt mit einer Schokoladencreme, garniert mit Karamell-Pekannuss-Popcorn und Schokoladensauce – Ihre Familie und Freunde werden schwer beeindruckt sein!

ZUTATEN

- gesalzene Butter, zum Einfetten
- 130 g Haselnüsse
- 4 große Eiweiß,
  auf Zimmertemperatur
- 200 g Zucker
- einige Tropfen Vanillearoma
- 1 TL heller Essig
- 280 g Schlagsahne

Schokoladensauce
- 175 g Zartbitterschokolade
- 250 g Zucker
- 1 Portion Karamell-Pekannuss-
  Popcorn (s. Seite 102)

ZUBEREITUNG

Den Backofen auf 180 °C vorheizen. Zwei Springformen (20 cm) dünn mit Butter einfetten und mit Backpapier auskleiden.

Die Haselnüsse in einer mittelgroßen Pfanne ohne Fett rösten, bis sie Farbe bekommen. Auf einen Teller geben und abkühlen lassen. Dann fein mahlen.

Das Eiweiß in einer großen, fettfreien Schüssel schaumig schlagen. Dann weiterrühren und dabei 200 g Zucker einrieseln lassen, bis die Masse sehr steif und glänzend ist. Vanillearoma, Essig und Haselnüsse unterheben. Die Masse in die vorbereiteten Formen füllen und im vorgeheizten Ofen 45–50 Minuten backen. Auf einem Kuchengitter erkalten lassen.

Für die Schokoladensauce Schokolade und Zucker mit 150 ml Wasser in einem kleinen Topf sanft erhitzen, bis der Zucker sich aufgelöst hat. Die Hitze auf mittlere Stufe erhöhen und 10 Minuten unter gelegentlichem Rühren köcheln lassen, dann erkalten lassen.

Die Sahne mit 4 Esslöffeln Schokoladensauce in eine Schüssel geben und steif schlagen. Die restliche Schokoladensauce in einen kleinen Servierkrug füllen. Die Baiserböden mit drei Vierteln der Schokoladensahne zusammensetzen. Die restliche Sahne in Tupfen auf den Rand setzen. Das Karamell-Pekannuss-Popcorn in der Mitte auf der Torte verteilen. Etwas Schokoladensauce in einem dünnen Faden über die Torte träufeln. Sofort servieren. Die restliche Schokoladensauce separat dazu reichen.

Für 6 Personen.

TIPP

Die Torte schmeckt auch mit Himbeersauce. Lassen Sie die Schokoladensauce weg und passieren Sie stattdessen 225 g frische Himbeeren durch ein Haarsieb in eine Schüssel und rühren Sie 4 Esslöffel Puderzucker unter.

Kapitel 4
SCHOKOLADE UND SÜSSES

Popcorn in Karamell gehüllt, mit Schokolade und knackigen Nüssen oder mit saftigen Früchten – für alle Naschkatzen ist dieses Kapitel eine Offenbarung. Und es macht großen Spaß, so etwas Einfaches wie Popcorn in eine perfekte Süßigkeit für jedermann zu verwandeln: von Zuckerstangen-Popcorn für die Kleinen bis hin zu Limoncello-Popcorn für die Großen.

KATZENPFÖTCHEN

Diese Knabberei ist schnell und einfach zubereitet. Sie steckt voller süßer Schokolade und Erdnussbutter. Ihre Kinder werden es lieben!

ZUTATEN

- 2 Portionen fertiges Popcorn (s. Seite 7/8)
- 275 g Schokoladentröpfchen
- 200 g Erdnussbutter
- 75 g ungesalzene Butter
- einige Tropfen Vanillearoma
- 275 g Puderzucker

ZUBEREITUNG

Das Popcorn in eine große Schüssel geben. Schokoladentröpfchen, Erdnussbutter und Butter in einer hitzebeständigen Schüssel über einem Wasserbad unter gelegentlichem Rühren schmelzen. Das Vanillearoma unterrühren.

Das Popcorn damit überziehen und alles vorsichtig und sorgfältig vermengen. Den Puderzucker über das Popcorn sieben und vorsichtig unterheben. Das Popcorn auf einem Backblech verteilen und etwa 20 Minuten fest werden lassen. In mundgerechte Stücke brechen und sofort servieren. Hält sich bis zu 3 Tage.

Ergibt 2 mittlere Portionen.

HONIG-NUSS-POPCORN

*Honig, Mandeln und Aprikosen harmonieren ganz wunderbar miteinander, und
ein Hauch von Zimt verleiht diesem Popcorn ein besonders feines Aroma.*

ZUTATEN

- 120 g gesalzene Butter,
  plus etwas mehr zum Einfetten
- 2 Portionen fertiges Popcorn
  (s. Seite 7/8)
- 1 TL Salz
- 120 g fein gehackte Mandeln
- 50 g fein gehackte getrocknete Aprikosen
- 5 EL Honig
- 1 TL Zimt

ZUBEREITUNG

Den Backofen auf 180 °C vorheizen. Zwei Backbleche dünn mit
Butter einfetten.

Popcorn, Salz, Mandeln und Aprikosen in einer großen Schüssel
mischen. Butter und Honig in einem kleinen Topf sanft schmelzen,
dann den Zimt unterrühren. Die Popcornmischung damit überziehen und alles vorsichtig und sorgfältig vermengen. Auf den vorbereiteten Blechen verteilen und im vorgeheizten Ofen 15 Minuten
backen. Etwas abkühlen lassen. Sofort servieren oder bis zu 4 Tage
aufbewahren.

Ergibt 2 mittlere Portionen.

TIPP

Falls Sie Milchprodukte nicht vertragen, können Sie die Butter
einfach durch Pflanzenmargarine ersetzen.

LEBKUCHENPOPCORN

Der Karamell für dieses Popcorn wird mit Ingwer, Zimt und Muskatnuss verfeinert und lässt die süße Knabberei so herrlich weihnachtlich schmecken.

ZUTATEN

- 225 g gesalzene Butter, plus etwas mehr zum Einfetten
- 2 Portionen fertiges Popcorn (s. Seite 7/8)
- 350 g brauner Zucker
- 2 EL heller Sirup
- 2 EL Zuckerrübensirup
- 90 g Glukosesirup
- 1 EL gemahlener Ingwer
- 2 TL Zimt
- ½ TL frisch geriebene Muskatnuss
- ½ TL Salz
- ½ TL Natron

ZUBEREITUNG

Den Backofen auf 130 °C vorheizen. Eine große Auflaufform dünn mit Butter einfetten und das Popcorn darin verteilen.

Die Butter in einem großen Topf auf kleiner Stufe zerlassen. Zucker, Sirupsorten, Ingwer, Zimt, Muskatnuss und Salz zufügen und rühren, bis der Zucker sich aufgelöst hat. Die Hitze auf mittlere bis hohe Stufe setzen und den Karamell 5 Minuten unter häufigem Rühren kochen. Das Natron ganz vorsichtig unterrühren.

Das Popcorn damit überziehen und alles vorsichtig und sorgfältig vermengen. Im vorgeheizten Ofen 1 Stunde backen, dabei alle 15 Minuten wenden, damit das Popcorn vollständig mit Karamell überzogen wird. Aus dem Ofen nehmen, nochmals wenden und abkühlen lassen. In mundgerechte Stücke brechen. Hält sich bis zu 5 Tage.

Ergibt etwa 700 g.

KARAMELL-PEKANNUSS-POPCORN

Dieses Popcorn ist einfach unschlagbar! Es wird im Ofen gebacken und alle 10 Minuten gemischt, damit jedes Popcorn vollständig mit dem süßen, knusprigen Karamell eingehüllt wird.

ZUTATEN

- 120 g gesalzene Butter, plus etwas mehr zum Einfetten
- 2 Portionen fertiges Popcorn (s. Seite 7/8)
- 120 g Pekannusshälften
- 1 TL Salz
- 175 g brauner Zucker
- 175 g Glukosesirup (s. Seite 9)
- ¼ TL Natron

ZUBEREITUNG

Den Backofen auf 130 °C vorheizen. Eine große Auflaufform dünn mit Butter einfetten.

Das Popcorn in der Form mit den Pekannüssen mischen und gleichmäßig verteilen. Mit dem Salz bestreuen. Butter, Zucker, Sirup und Natron in einem mittelgroßen Topf auf niedriger Stufe schmelzen. Die Hitze auf mittlere Stufe erhöhen und den Karamell ohne zu rühren etwa 7 Minuten kochen, bis das Zuckerthermometer 112 °C anzeigt. Das Popcorn mit dem Karamell überziehen und alles vorsichtig und sorgfältig mit einem Holzlöffel vermengen.

Im Ofen 1 Stunde backen, dabei alle 10 Minuten wenden, damit das Popcorn ganz mit Karamell überzogen wird. Aus dem Ofen nehmen, nochmals wenden und abkühlen lassen. Größere Klumpen mit den Händen aufbrechen. Hält sich bis zu 5 Tage.

Ergibt 2 mittlere Portionen.

TIPP

Lassen Sie das Popcorn nicht länger als 10 Minuten unbeaufsichtigt im Ofen. Regelmäßiges Wenden ist das Erfolgsgeheimnis für dieses Rezept.

ZUCKERSTANGEN-POPCORN

Zerstoßene Zuckerstangen werden bei diesem Rezept mit Popcorn und weißer Schokolade gemischt. Das ist eine wunderbare süße Überraschung.

ZUTATEN

- 2 Portionen fertiges Popcorn (s. Seite 7/8)
- 10 große Zuckerstangen, zerstoßen (etwa 300 g) (erhältlich über den Internetversandhandel)
- 400 g weiße Schokolade

ZUBEREITUNG

Zwei Backbleche dünn mit Butter einfetten.

Das Popcorn in eine große Schüssel geben. Die Zuckerstangen im Mixer zu kleinen Splittern mahlen. Alternativ in einen Gefrierbeutel geben und mit einer Teigrolle zerstoßen.

Die Schokolade in einer hitzebeständigen Schüssel über einem Wasserbad schmelzen. Die Schüssel vom Wasserbad nehmen und die Schokolade glatt rühren. Die Hälfte der Zuckerstangensplitter unterziehen. Das Popcorn damit überziehen und alles vorsichtig und sorgfältig vermengen.

Das Popcorn gleichmäßig auf den vorbereiteten Blechen verteilen. Sofort mit den restlichen Zuckerstangensplittern bestreuen und erkalten lassen. Größere Klumpen aufbrechen und sofort servieren. Hält sich bis zu 4 Tage.

Ergibt 2 mittlere Portionen.

TUTTIFRUTTI-POPCORN

Für diese farbenfrohe Süßigkeit wird karamellisiertes Popcorn mit roten Belegkirschen, knackigen Pekannüssen, Pistazien, Cranberrys und Rosinen gemischt.

ZUTATEN

- 175 g gesalzene Butter, plus etwas mehr zum Einfetten
- 2 Portionen fertiges Popcorn (s. Seite 7/8)
- 100 g rote Belegkirschen
- 60 g grob gehackte Pekannüsse
- 40 g grob gehackte Pistazien
- 50 g getrocknete Cranberrys
- 50 g Rosinen
- 250 g brauner Zucker
- ½ TL Natron
- einige Tropfen Vanillearoma

ZUBEREITUNG

Den Backofen auf 150 °C vorheizen. Zwei Backbleche dünn mit Butter einfetten.

Das Popcorn in eine große Schüssel geben. Kirschen, Pekannüsse, Pistazien, Cranberrys und Rosinen untermischen.

Die Butter in einem großen Topf auf niedriger Stufe zerlassen. Den Zucker zufügen. Die Hitze auf mittlere bis hohe Stufe setzen und den Karamell 5 Minuten unter häufigem Rühren kochen. Den Topf vom Herd nehmen und vorsichtig Natron und Vanillearoma unterrühren. Das Popcorn damit überziehen und alles sorgfältig vermengen.

Das Popcorn gleichmäßig auf den vorbereiteten Blechen verteilen und im Ofen 30 Minuten backen, dabei zweimal wenden. Aus dem Ofen nehmen, nochmals wenden und dann erkalten lassen. Größere Klumpen von Hand aufbrechen. Hält sich bis zu 4 Tage.
Ergibt 2 mittlere Portionen.

TIPP

Dieses Popcorn schmeckt noch leckerer mit einem Überzug aus etwa 100 g geschmolzener weißer Schokolade, die Sie über das gebackene, abgekühlte Popcorn geben und fest werden lassen.

SUPERSCHNELLES KARAMELLISIERTES POPCORN

Diese Knabberei ist wirklich kein Hexenwerk. Dafür müssen Sie nur Karamellschokolade mit Glukose-sirup und Butter schmelzen und die Mischung aus Popcorn und Nüssen damit überziehen. Fertig!

ZUTATEN

- 75 g gesalzene Butter, plus etwas mehr zum Einfetten
- 2 Portionen fertiges Popcorn (s. Seite 7/8)
- 120 g gehackte Macadamianüsse
- 350 g Karamellschokolade
- 450 g Glukosesirup (s. Seite 9)

ZUBEREITUNG

Den Backofen auf 150 °C vorheizen. Zwei Backbleche dünn mit Butter einfetten.

Das Popcorn in eine große Schüssel geben und die Macadamianüsse untermischen.

Butter, Schokolade und Glukosesirup in einem großen Topf auf niedriger Stufe schmelzen. Die Hitze erhöhen und den Karamell 5 Minuten kochen. Das Popcorn damit überziehen und alles vorsichtig und sorgfältig vermengen. Das Popcorn gleichmäßig auf den vorbereiteten Blechen verteilen und im vorgeheizten Ofen etwa 45 Minuten backen, dabei alle 10 Minuten wenden. Aus dem Ofen nehmen, nochmals wenden und erkalten lassen. Hält sich bis zu 5 Tage.

Ergibt 2 mittlere Portionen.

KROKANTPOPCORN

Brauner Zucker und Ahornsirup verleihen dem Krokant aus Pekannüssen ein besonders volles Aroma.

ZUTATEN

- 150 g gesalzene Butter,
  plus etwas mehr zum Einfetten
- 2 Portionen fertiges Popcorn (s. Seite 7/8)
- 275 g Pekannusshälften
- 175 g brauner Zucker
- 350 g Ahornsirup
- einige Tropfen Vanillearoma

ZUBEREITUNG

Den Backofen auf 130 °C vorheizen. Zwei Backbleche dünn mit Butter einfetten.

Das Popcorn in eine große Schüssel geben und die Pekannüsse untermischen. Butter, Zucker und Ahornsirup in einem großen Topf unter häufigem Rühren sanft erhitzen, bis der Zucker sich aufgelöst hat. Die Hitze auf mittlere bis hohe Stufe erhöhen und den Karamell 5 Minuten kochen. Den Topf vom Herd nehmen und vorsichtig das Vanillearoma unterrühren. Das Popcorn mit dem Karamell überziehen und alles sorgfältig vermengen. Das Popcorn gleichmäßig auf den vorbereiteten Blechen verteilen und im vorgeheizten Ofen 60 Minuten backen, dabei alle 10 Minuten wenden. Aus dem Ofen nehmen, nochmals wenden und erkalten lassen. Größere Klumpen von Hand aufbrechen. Hält sich bis zu 1 Woche.

Ergibt 2 mittlere Portionen.

POPCORN MIT KIRSCHEN UND WEISSER SCHOKOLADE

Weiße Schokolade und Kirschen sind eine tolle geschmackliche Kombination. Geben Sie noch ein paar Walnüsse dazu, und das Resultat ist umwerfend.

ZUTATEN

- 2 Portionen fertiges Popcorn (s. Seite 7/8)
- 120 g weiße Schokolade, gehackt
- 2 TL gesalzene Butter
- 120 g getrocknete Kirschen
- 120 g grob gehackte Walnüsse
- 1 TL Salz

ZUBEREITUNG

Zwei Backbleche dünn mit Butter einfetten.

Das Popcorn in eine große Schüssel geben. Schokolade und Butter in einer hitzebeständigen Schüssel über einem Wasserbad schmelzen. Die Schüssel vom Wasserbad nehmen und die Masse glatt rühren. Das Popcorn damit überziehen, die Kirschen und Walnüsse zufügen und alles sorgfältig vermengen. Das Popcorn gleichmäßig auf den vorbereiteten Blechen verteilen, mit dem Salz bestreuen und erkalten lassen. Hält sich bis zu 5 Tage.

Ergibt 2 mittlere Portionen.

POPCORN HAWAII

Klassische hawaiianische Aromen wie Ananas, Macadamia- und Kokosnuss werden hier zu einer leckeren Popcornkreation verarbeitet.

ZUTATEN

- 4 EL gesalzene Butter, plus etwas mehr zum Einfetten
- 2 Portionen fertiges Popcorn (s. Seite 7/8)
- 175 g gehackte getrocknete Aprikosen
- 75 g gehackte kandierte Ananas
- 80 g Kokosraspel
- 120 g grob gehackte Macadamianüsse
- 60 g brauner Zucker
- 2 EL Glukosesirup (s. Seite 9)
- einige Tropfen Vanillearoma

ZUBEREITUNG

Den Backofen auf 150 °C vorheizen. Zwei Backbleche dünn mit Butter einfetten. Eine große Auflaufform mit Backpapier auskleiden.

Das Popcorn in eine große Schüssel geben. Aprikosen, Ananas, Kokosraspel und Macadamianüsse untermischen.

Butter, Zucker und Glukosesirup in einem mittelgroßen Topf unter häufigem Rühren sanft erhitzen, bis die Butter geschmolzen ist und der Zucker sich aufgelöst hat. Die Hitze auf mittlere bis hohe Stufe stellen und den Karamell 2 Minuten kochen. Den Topf vom Herd nehmen und das Vanillearoma unterrühren.

Das Popcorn mit dem Karamell überziehen und alles vorsichtig und sorgfältig vermengen. Gleichmäßig auf den vorbereiteten Blechen verteilen und im vorgeheizten Ofen etwa 15 Minuten backen, dabei alle 5 Minuten wenden. Nicht unbeaufsichtigt lassen, da die Kokosraspel leicht verbrennen. Aus dem Ofen nehmen und nochmals wenden. In die vorbereitete Form füllen und erkalten lassen. Hält sich bis zu 5 Tage.

Ergibt 2 mittlere Portionen.

KROKANT-MOKKA-POPCORN

*In dieser Knabberei mit dem feinen Kaffeearoma stecken viele knackige Pekannüsse
für einen zusätzlichen Energieschub.*

ZUTATEN

- 120 g gesalzene Butter,
  plus etwas mehr zum Einfetten
- 2 Portionen fertiges Popcorn
  (s. Seite 7/8)
- 175 g Pekannusshälften
- 175 g brauner Zucker
- 3 EL heller Sirup
- 3 TL Instantkaffee
- einige Tropfen Vanillearoma

ZUBEREITUNG

Den Backofen auf 140 °C vorheizen. Zwei Backbleche dünn mit Butter einfetten.

Das Popcorn in eine große Schüssel geben und die Pekannüsse untermischen.

Butter, Zucker, Sirup und Kaffee in einem großen Topf unter häufigem Rühren sanft erhitzen, bis der Zucker sich aufgelöst hat. Die Hitze auf mittlere bis hohe Stufe stellen und den Karamell 2 Minuten kochen. Den Topf vom Herd nehmen und das Vanillearoma unterrühren. Das Popcorn mit dem Karamell überziehen und alles vorsichtig und sorgfältig vermengen. Das Popcorn gleichmäßig auf den vorbereiteten Blechen verteilen und im vorgeheizten Ofen 15 Minuten backen, dabei alle 5 Minuten wenden. Aus dem Ofen nehmen, nochmals wenden und erkalten lassen. Hält sich bis zu 1 Woche.

Ergibt 2 mittlere Portionen.

MÜSLIPOPCORN

Dieser zuckerfreie gesunde Popcornsnack ist schnell und einfach zubereitet. Er wird auch nicht gebacken, stattdessen werden die fertig vorbereiteten Zutaten einfach in einer Schüssel gemischt.

ZUTATEN

- 2 Portionen fertiges Popcorn (s. Seite 7/8)
- 250 g helle Rosinen
- 250 g dunkle Rosinen
- 250 g gehackte getrocknete Aprikosen
- 130 g geröstete, gesalzene Cashewkerne
- 1 TL Salz (nach Belieben)

ZUBEREITUNG

Das Popcorn in eine große Schüssel geben. Rosinen, Aprikosen und Cashewkerne untermischen. Nach Belieben salzen.

Ergibt 2 mittlere Portionen.

TIPP

Sie können die Rosinen durch eine Trockenfruchtmischung Ihrer Wahl ersetzen und die Cashewkerne durch eine geröstete und gesalzene Nussmischung.

APFELKUCHENPOPCORN

Jeder Bissen schmeckt nach wunderbar warmen Gewürzen und fruchtigen Apfelstückchen.
Dieser leckere Popcornmix schmeckt einfach immer und überall.

ZUTATEN

- 4 EL gesalzene Butter, plus etwas mehr zum Einfetten
- 2 TL Zimt
- ½ TL frisch geriebene Muskatnuss
- 2 EL brauner Zucker
- einige Tropfen Vanillearoma
- 150 g grob gehackte getrocknete Apfelringe
- 1⅓ Portionen fertiges Popcorn (s. Seite 7/8)
- 225 g Pekannusshälften

ZUBEREITUNG

Den Backofen auf 150 °C vorheizen. Ein Backblech dünn mit Butter einfetten.

Die Butter in einem kleinen Topf auf niedriger Stufe zerlassen. Zimt, Muskatnuss, Zucker und Vanillearoma unterrühren. Äpfel, Popcorn und Pekannüsse auf dem Backblech mischen, mit der Gewürzbutter beträufeln und sorgfältig verrühren. Im vorgeheizten Ofen 20 Minuten backen, dabei nach 10 Minuten wenden. Aus dem Ofen nehmen, nochmals wenden und erkalten lassen. Hält sich bis zu 5 Tage.

Ergibt 2 mittlere Portionen.

POPCORN MIT KAHLÚA, KIRSCHEN UND MANDELN

Der Karamell, der dieses Popcorn umhüllt, wird mit Kahlúa hergestellt, einem Likör mit Mokka- und Zuckerrohrnoten. Ergänzt werden diese Aromen durch Kirschen und Mandeln.

ZUTATEN

- 2 Portionen fertiges Popcorn (s. Seite 7/8)
- 200 g geröstete Mandeln (s. Seite 9)
- 80 g getrocknete Kirschen
- 400 g Zucker
- 240 ml Kahlúa
- 4 EL Apfelessig
- 6 EL ungesalzene Butter

ZUBEREITUNG

Den Backofen auf 130 °C vorheizen.

Das Popcorn in eine große hitzebeständige Schüssel geben. Mit Mandeln und Kirschen mischen und im Ofen warm halten.

Zucker, Likör und Essig in einem Topf unter häufigem Rühren sanft erhitzen, bis der Zucker sich aufgelöst hat. Die Hitze auf mittlere bis hohe Stufe erhöhen und den Sirup zum Kochen bringen. Die Butter zufügen und kochen, bis das Zuckerthermometer 150 °C anzeigt.

Das Popcorn aus dem Ofen nehmen, mit der Butter-Zucker-Mischung überziehen und alles vorsichtig und sorgfältig vermengen. Vor dem Servieren erkalten lassen. Hält sich bis zu 1 Woche.

Ergibt 2 mittlere Portionen.

TIPP

Wenn dieses Popcorn alkoholfrei sein soll, ersetzen Sie den Likör durch 350 g Glukosesirup (s. Seite 9) und 2 Teelöffel Instantkaffee und geben Sie beides mit dem Zucker in den Topf.

TOFFEEPOPCORN

Für dieses Popcorn wird das Karamell-Pekannuss-Popcorn von Seite 102 zusätzlich noch warm mit einem feinherben Toffee vermischt, das für zusätzliches Aroma und Süße sorgt.

ZUTATEN

Toffee
- Öl, zum Einfetten
- 200 g Zucker
- 350 g Glukosesirup (s. Seite 9)
- 1 TL Weißweinessig
- einige Tropfen Vanillearoma
- 2 TL Natron

- 1 Portion Karamell-Pekannuss-Popcorn (s. Seite 102), aber ohne Nüsse
- 150 g Schokoladentröpfchen

ZUBEREITUNG

Für das Toffee ein Backblech großzügig mit Öl einfetten. Zucker, Glukosesirup, Essig und Vanillearoma in einem sehr großen Topf unter Rühren auf niedriger Stufe erhitzen. (Der Topf sollte unbedingt sehr groß sein, weil durch die Zugabe des Natrons das Volumen des Toffees kurzzeitig auf das Vierfache ansteigt.) Die Hitze auf mittlere bis hohe Stufe erhöhen und den Sirup 3 Minuten ohne zu rühren kochen, bis er bernsteinfarben ist. Das Natron mit einem Schneebesen vorsichtig einarbeiten. Das Toffee auf das vorbereitete Blech gießen und fest werden lassen. Dann in Stückchen brechen. In einem luftdichten Behälter hält sich das Toffee bis zu 2 Tage.

Das Popcorn wie beschrieben im Ofen backen und nochmals kurz wenden. Noch heiß mit Toffee und Schokoladentröpfchen mischen, dann erkalten lassen. Hält sich bis zu 4 Tage.

Ergibt 2 mittlere Portionen.

POPCORN MIT CRANBERRYS

Für dieses Popcorn wird der Glukosesirup mit Cranberrysaft verfeinert, um das fruchtige Aroma der getrockneten Beeren zu unterstreichen.

ZUTATEN

- 120 g gesalzene Butter, plus etwas mehr zum Einfetten
- 2 Portionen fertiges Popcorn (s. Seite 7/8)
- 175 g getrocknete Cranberrys
- 130 g ganze Mandeln
- 80 g brauner Zucker
- 90 g Glukosesirup (s. Seite 9)
- 2 EL Cranberrysaft
- einige Tropfen Vanillearoma
- ½ TL Natron

ZUBEREITUNG

Den Backofen auf 140 °C vorheizen. Zwei Backbleche dünn mit Butter einfetten. Das Popcorn in eine große Schüssel geben. Cranberrys und Mandeln untermischen.

Butter, Zucker, Glukosesirup und Cranberrysaft in einem großen Topf unter häufigem Rühren sanft erhitzen, bis der Zucker sich aufgelöst hat. Die Hitze auf mittlere bis hohe Stufe erhöhen und den Karamell 2 Minuten kochen. Den Topf vom Herd nehmen und Vanillearoma und Natron sorgfältig und vorsichtig unterrühren.

Das Popcorn mit dem Karamell überziehen und alles vorsichtig und sorgfältig vermengen. Das Popcorn gleichmäßig auf den vorbereiteten Blechen verteilen und im vorgeheizten Ofen 30 Minuten backen, dabei alle 10 Minuten wenden. Aus dem Ofen nehmen, nochmals wenden und erkalten lassen. Hält sich bis zu 5 Tage.

Ergibt 2 mittlere Portionen.

ANANAS-KOKOS-POPCORN

Tropische Aromen wie Ananas, Kokos, Banane und Cashewkerne lassen von fernen Inseln träumen und sind ein wunderbarer Knabberspaß für einen Filmabend auf dem heimischen Sofa.

ZUTATEN

- 4 EL gesalzene Butter, plus etwas mehr zum Einfetten
- 2 Portionen fertiges Popcorn (s. Seite 7/8)
- 80 g Kokosflocken, leicht geröstet (s. Seite 9)
- 60 g ungesalzene Cashewkerne
- 75 g gehackte kandierte oder getrocknete Ananas
- 80 g getrocknete Bananenchips
- 90 g Glukosesirup (s. Seite 9)
- 60 ml Kokoscreme
- 175 g brauner Zucker

ZUBEREITUNG

Den Backofen auf 150 °C vorheizen. Zwei Backbleche dünn mit Butter einfetten.

Das Popcorn in eine große Schüssel geben. Kokosflocken, Cashewkerne, Ananas und Bananenchips untermischen.

Butter, Glukosesirup, Kokoscreme und Zucker in einem großen Topf unter häufigem Rühren sanft erhitzen, bis die Butter geschmolzen ist und der Zucker sich aufgelöst hat. Die Hitze auf mittlere bis hohe Stufe erhöhen und den Karamell 2 Minuten kochen. Das Popcorn damit überziehen und alles vorsichtig und sorgfältig vermengen. Das Popcorn gleichmäßig auf den vorbereiteten Blechen verteilen und im vorgeheizten Ofen 30 Minuten backen, dabei alle 10 Minuten wenden. Aus dem Ofen nehmen, nochmals wenden und erkalten lassen. Hält sich bis zu 4 Tage.

Ergibt 2 mittlere Portionen.

KNUSPRIGES MANDELPOPCORN

Für diese süßsalzige Knabberei wird Popcorn mit Mandeln, gesalzenen Erdnüssen und knusprigem Salzgebäck gemischt und mit Schokolade überzogen.

ZUTATEN

- 2 Portionen fertiges Popcorn (s. Seite 7/8)
- 175 g zerdrückte Salzbrezeln oder -stangen
- 130 g geröstete, gesalzene Erdnüsse
- 100 g Mandelblättchen
- 550 g Zartbitterschokolade, gehackt

ZUBEREITUNG

Ein Backblech mit Backpapier belegen.

Das Popcorn in eine große Schüssel geben. Salzgebäck und Erdnüsse untermischen. Die Mandelblättchen in einer großen Pfanne bei mittlerer Stufe ohne Fett rösten, bis sie Farbe annehmen. Auf einen Teller geben und abkühlen lassen.

Die Schokolade in einer hitzebeständigen Schüssel über einem Wasserbad schmelzen und glatt rühren. Die Mandeln untermischen. Das Popcorn mit der Schokolade überziehen und alles vorsichtig und sorgfältig vermengen. Das Popcorn gleichmäßig auf dem vorbereiteten Blech verteilen und erkalten lassen. Sofort servieren oder bis zu 4 Tage aufbewahren.

Ergibt 2 mittlere Portionen.

TIPP

Erdnüsse und Mandeln können durch Cashewkerne und Macadamianüsse ersetzt werden.

POPCORN MIT RUMROSINEN

Diese leckere Knabberei mit saftigen Rumrosinen und leichtem Karamell ist erwachsenen Familienmitgliedern vorbehalten.

ZUTATEN

- 350 g Rosinen
- 60 ml brauner Rum
- 2 Portionen fertiges Popcorn (s. Seite 7/8)
- 3 EL gesalzene Butter, plus etwas mehr zum Einfetten
- 175 g brauner Zucker
- 175 g Glukosesirup (s. Seite 9)
- einige Tropfen Rumaroma
- einige Tropfen Vanillearoma

ZUBEREITUNG

Rosinen und Rum in einer Schale mischen und 1–2 Stunden unter gelegentlichem Rühren ziehen lassen. Die Rosinen gut abtropfen lassen und mit dem Popcorn in einer großen Schüssel mischen.

Zwei Backbleche dünn mit Butter einfetten.

Butter, Zucker und Glukosesirup in einem Topf unter häufigem Rühren sanft erhitzen, bis der Zucker sich aufgelöst hat. Die Hitze auf mittlere bis hohe Stufe erhöhen und den Karamell kochen, bis das Zuckerthermometer 140 °C anzeigt. Den Topf vom Herd nehmen und Rum- und Vanillearoma unterrühren. Das Popcorn damit überziehen und alles vorsichtig und sorgfältig vermengen. Das Popcorn gleichmäßig auf den vorbereiteten Blechen verteilen und vollständig erkalten lassen. Größere Klumpen von Hand aufbrechen. Hält sich bis zu 4 Tage.

Ergibt 2 mittlere Portionen.

GOLDENES SCHOKO-HASELNUSS-POPCORN

*Goldfarbene Dekorflocken oder Blattgold verleihen diesem Popcorn eine exklusive
Note, und durch das getrocknete Chili erhält es eine angenehme Schärfe.*

ZUTATEN

- 1½ EL gesalzene Butter,
  plus etwas mehr zum Einfetten
- 120 g gehackte Haselnüsse
- 2 Portionen fertiges Popcorn
  (s. Seite 7/8)
- 1 TL zerstoßene getrocknete
  Chiliflocken
- ½ TL Salz
- 150 g Zartbitterschokolade, grob
  gehackt
- 250 ml Vollmilch
- 250 g Sahne
- 175 Schoko-Haselnuss-Aufstrich
- 1 TL Dekorflocken in Gold oder
  Blattgold (Internetversandhandel)

ZUBEREITUNG

Den Backofen auf 180 °C vorheizen. Eine große Auflaufform dünn mit Butter
einfetten. Die Haselnüsse darin verteilen und im Ofen 10 Minuten rösten;
dabei nach der Hälfte der Zeit wenden. Nicht unbeaufsichtigt lassen, damit
die Nüsse nicht zu dunkel werden. Die Ofentemperatur auf 130 °C reduzieren. Das Popcorn unter die Haselnüsse mischen. Mit Chiliflocken und Salz
bestreuen. Das Popcorn im Ofen warm halten.

Schokolade und Butter mit Milch und Sahne in einem großen Topf bei kleiner
Hitze schmelzen. Den Schoko-Haselnuss-Aufstrich unterrühren, bis die
Masse glatt ist. Das Popcorn aus dem Ofen nehmen, mit der Schokoladenmasse überziehen und vorsichtig und sorgfältig vermengen. Mit Dekorflocken
oder Blattgold bestäuben und erkalten lassen. Hält sich bis zu 4 Tage.

Ergibt 2 mittlere Portionen.

ORANGEN-APRIKOSEN-POPCORN

Diese Mischung ist ein ausgezeichneter und gesunder Snack für zwischendurch. Aprikosen und Popcorn erhalten durch Orangensaft und -schale ein frisches fruchtig-säuerliches Aroma.

ZUTATEN

- 2 Portionen fertiges Popcorn (s. Seite 7/8)
- 100 g fein gehackte getrocknete Aprikosen
- 150 ml Orangensaft
- 250 g Zucker
- 2 EL Glukosesirup (s. Seite 9)
- fein abgeriebene Schale von 1 Orange

ZUBEREITUNG

Zwei Backbleche mit Backpapier belegen. Das Popcorn in eine große Schüssel geben und die Aprikosen untermischen.

Orangensaft, Zucker, Glukosesirup und Orangenschale in einem großen Topf unter häufigem Rühren sanft erhitzen, bis der Zucker sich aufgelöst hat. Die Hitze auf mittlere bis hohe Stufe erhöhen und den Sirup kochen, bis das Zuckerthermometer 140 °C anzeigt. Das Popcorn mit der Mischung überziehen und alles sorgfältig vermengen. Das Popcorn gleichmäßig auf den vorbereiteten Blechen verteilen und erkalten lassen. Hält sich bis zu 4 Tage.

Ergibt 2 mittlere Portionen.

TIPP

Sie können den Orangensaft durch Ananassaft ersetzen. Mischen Sie dann auch noch 50 g Mandelblättchen unter das Popcorn.

LIEBESAPFEL-ZIMT-POPCORN

*Liebesäpfel erinnern mich an Kirmes und an eine Süßigkeit, die ich als Kind genau
einmal im Jahr bekam. Der Sirup, mit dem sonst Äpfel eingehüllt werden, schmeckt
auch in Verbindung mit Popcorn.*

ZUTATEN

- 2 Portionen fertiges Popcorn
  (s. Seite 7/8)
- 4 EL gesalzene Butter
- 100 g Zucker
- 1 TL Zimt
- 2 große Tafeläpfel, geschält, entkernt
  und klein gewürfelt

ZUBEREITUNG

Zwei Backbleche mit Backpapier belegen. Das Popcorn in eine große Schüssel
geben.

Butter, Zucker und Zimt in einem großen Topf unter häufigem Rühren sanft
erhitzen, bis die Butter geschmolzen ist und der Zucker sich aufgelöst hat.
Die Hitze auf mittlere bis hohe Stufe erhöhen und den Karamell 2 Minuten
kochen, bis er eine helle Bernsteinfarbe hat. Den Topf vom Herd nehmen
und die Apfelstückchen 1 Minute vorsichtig unterrühren. Etwas abkühlen
lassen.

Das Popcorn mit dem Karamell überziehen und alles vorsichtig und sorgfältig
vermengen. Das Popcorn gleichmäßig auf den vorbereiteten Blechen verteilen
und erkalten lassen. Sofort servieren. Hält sich bis zu 4 Tage.

Ergibt 2 mittlere Portionen.

TIPP

Ein paar gehackte Walnüsse und Rosinen machen sich ganz fantastisch in
diesem Rezept. Mischen Sie sie unter das Popcorn, bevor der Karamell darübergegeben wird.

KARAMELL-KOKOS-POPCORN

In diesem Rezept wird eine Popcorn-Marshmallow-Mischung mit reichlich gerösteten Kokosraspeln überzogen. Einfach lecker!

ZUTATEN

- 220 g Kokosraspel, geröstet (s. Seite 9)
- 2 Portionen fertiges Popcorn (s. Seite 7/8)
- 150 g gesalzene Butter
- 250 g brauner Zucker
- 4 EL Glukosesirup (s. Seite 9)
- einige Tropfen Vanillearoma
- 300 g Marshmallows

ZUBEREITUNG

Die Kokosraspel nach dem Rösten erkalten lassen.

Zwei Backbleche mit Backpapier belegen. Das Popcorn in eine große Schüssel geben. Butter, Zucker, Glukosesirup und Vanillearoma in einem großen Topf unter häufigem Rühren sanft erhitzen, bis die Butter geschmolzen ist und der Zucker sich aufgelöst hat. Die Hitze auf mittlere bis hohe Stufe erhöhen und den Karamell 1 Minuten kochen. Die Marshmallows unterrühren, bis die Masse wieder glatt ist. Das Popcorn mit dem Karamell überziehen und alles vorsichtig und sorgfältig vermengen. Das Popcorn gleichmäßig auf den vorbereiteten Blechen verteilen, mit den Kokosraspeln bestreuen und erkalten lassen. Hält sich bis zu 2 Tage.

Ergibt 2 mittlere Portionen.

ERDBEER-KÄSEKUCHEN-POPCORN

Für diese fruchtige Mischung werden die Erdbeeren rund 6 Stunden im Ofen getrocknet und dann unter cremig-süßes Popcorn gemischt.

ZUTATEN

- 500 g Erdbeeren
- 2 Portionen fertiges Popcorn (s. Seite 7/8)
- 350 g Zucker
- 120 g Schlagsahne
- 120 g Glukosesirup (s. Seite 9)
- 1 EL Essig
- 1 TL gesalzene Butter
- einige Tropfen Vanillearoma
- rote Lebensmittelfarbe (nach Belieben)

ZUBEREITUNG

Die Erdbeeren putzen und waschen. In 5 mm dicke Scheiben schneiden und auf Backblechen auslegen. Bei 60 °C im Backofen 4–6 Stunden trocknen, dann erkalten lassen.

Zwei Backbleche mit Backpapier belegen.

Das Popcorn in eine große Schüssel geben und die getrockneten Erdbeeren untermischen. Zucker, Sahne, Glukosesirup und Essig in einem großen Topf unter häufigem Rühren sanft erhitzen, bis der Zucker sich aufgelöst hat. Die Hitze auf mittlere bis hohe Stufe erhöhen und den Karamell kochen, bis ein Zuckerthermometer 118 °C anzeigt. Den Topf vom Herd nehmen und Butter und Vanillearoma unterrühren. Den Karamell nach Belieben mit ein wenig roter Lebensmittelfarbe rosa färben. Das Popcorn damit überziehen und alles vorsichtig vermengen. Das Popcorn gleichmäßig auf den vorbereiteten Blechen verteilen und erkalten lassen. Hält sich bis zu 3 Tage.

Ergibt 2 mittlere Portionen.

POPCORN-PEKANNUSS-STERNE

Hier wird karamellüberzogenes Popcorn auf knackige Pekannüsse gesetzt und mit einer cremigen Schokoladenglasur garniert.

ZUTATEN

Schokoladenglasur

- 50 g gesalzene Butter
- 3 EL Vollmilch
- 280 g Puderzucker, gesiebt
- 2 EL Kakaopulver, gesiebt
- 1 EL gesalzene Butter, plus etwas mehr zum Einfetten
- 48 Pekannusshälften
- 1 Portion fertiges Popcorn (s. Seite 7/8)
- 400 g Sahnekaramellbonbons
- 3 EL Sahne
- einige Tropfen Rumaroma

ZUBEREITUNG

Für die Glasur die Butter mit der Milch in einem kleinen Topf auf niedriger Stufe zerlassen. Zucker und Kakao kräftig unterrühren, bis die Masse glatt und glänzend ist. Vollständig erkalten lassen; dabei gelegentlich rühren, damit sich keine Haut bildet.

Zwei Backbleche dünn mit Butter einfetten. Je 3 Pekannusshälften sternförmig auf die Backbleche setzen. Das Popcorn in eine große Schüssel geben. Sahnekaramellbonbons, Sahne und Butter in einem großen Topf auf niedriger Stufe unter Rühren schmelzen. Den Topf vom Herd nehmen und das Rumaroma unterrühren. Das Popcorn damit überziehen und alles vorsichtig und sorgfältig vermengen.

Esslöffelgroße Popcornportionen rasch auf die Pekannusssterne setzen und erkalten lassen. Etwas Schokoladenglasur daraufsetzen. Sofort servieren oder bis zu 4 Tage aufbewahren.

Ergibt 16 Sterne.

NUSSIGES ORANGENPOPCORN

Dieses Popcorn schmeckt knackig-erfrischend, denn es wird mit gehackten Nüssen sowie Orangensaft und -schale zubereitet. Für ein ausgeprägteres Aroma sollten Sie die Nüsse erst rösten.

ZUTATEN

- 2 Portionen fertiges Popcorn (s. Seite 7/8)
- 80 g gemischte gehackte Nüsse, geröstet (s. Seite 9)
- 150 ml Orangensaft
- 250 g Zucker
- 2 EL Glukosesirup (s. Seite 9)
- fein abgeriebene Schale von 1 Orange

ZUBEREITUNG

Zwei Backbleche mit Backpapier belegen. Das Popcorn in eine große Schüssel geben und die Nüsse untermischen.

Orangensaft, Zucker, Glukosesirup und Orangenschale in einem großen Topf unter häufigem Rühren sanft erhitzen, bis der Zucker sich aufgelöst hat. Die Hitze auf mittlere bis hohe Stufe erhöhen und den Karamell kochen, bis das Zuckerthermometer 140 °C anzeigt. Das Popcorn mit dem Karamell überziehen und alles vorsichtig und sorgfältig vermengen. Das Popcorn gleichmäßig auf den vorbereiteten Blechen verteilen und erkalten lassen. Hält sich bis zu 5 Tage.

Ergibt 2 mittlere Portionen.

MANDEL-MOKKA-POPCORN

*Kakao und Instantkaffeepulver heißt die schnelle Lösung, die dieser knusprigen
Popcorn-Mandel-Mischung eine feinherbe Mokkanote verleiht.*

ZUTATEN

- 4 EL gesalzene Butter,
  plus etwas mehr zum Einfetten
- 2 Portionen fertiges Popcorn
  (s. Seite 7/8)
- 200 g ganze ungeschälte Mandeln,
  geröstet (s. Seite 9)
- 100 g Zucker
- 175 g Glukosesirup (s. Seite 9)
- 2 EL Kakaopulver, gesiebt
- 2 TL Instantkaffee
- 1 TL Salz

ZUBEREITUNG

Den Backofen auf 90 °C vorheizen. Eine große Auflaufform dünn mit
Butter einfetten. Popcorn und Mandeln darin mischen und gleichmäßig
verteilen.

Butter, Zucker, Glukosesirup, Kakao, Instantkaffee und Salz in einem
großen Topf unter gelegentlichem Rühren sanft erhitzen, bis die Butter
geschmolzen ist und der Zucker sich aufgelöst hat. Die Hitze auf mittlere
bis hohe Stufe erhöhen und den Karamell 1 Minute kochen. Das Popcorn
damit überziehen und alles vorsichtig und sorgfältig vermengen.

Das Popcorn gleichmäßig auf den vorbereiteten Blechen verteilen und
im vorgeheizten Ofen 60 Minuten backen, dabei alle 20 Minuten wenden.
Aus dem Ofen nehmen, nochmals wenden und erkalten lassen. Hält
sich bis zu 1 Woche.

Ergibt 2 mittlere Portionen.

GLASIERTES AHORN-SESAM-POPCORN

*Das volle Aroma von Ahornsirup passt ausgezeichnet zu Sesam und Zimt.
Das leicht karamellisierte Popcorn wird dadurch nicht nur besonders lecker,
sondern auch richtig knusprig.*

ZUTATEN

- 1 EL gesalzene Butter,
  plus etwas mehr zum Einfetten
- 2 Portionen fertiges Popcorn
  (s. Seite 7/8)
- 3 EL Sesamsaat
- 100 ml Ahornsirup
- 6 EL brauner Zucker
- 1 TL Zimt

ZUBEREITUNG

Den Backofen auf 130 °C vorheizen. Zwei Backbleche dünn mit Butter einfetten. Das Popcorn in eine große, hitzebeständige Schüssel geben und im Ofen warm halten. Den Sesam in eine Schale geben.

Ahornsirup, Zucker und Zimt in einem großen Topf unter häufigem Rühren sanft erhitzen, bis der Zucker sich aufgelöst hat. Die Hitze auf mittlere bis hohe Stufe erhöhen und den Sirup kochen, bis das Zuckerthermometer 130 °C anzeigt. Die Butter einarbeiten und weiterkochen, bis das Thermometer 140 °C anzeigt.

Das Popcorn aus dem Ofen nehmen und rasch mit der Hälfte des Karamells überziehen. Mit einer Hälfte des Sesams bestreuen und alles vorsichtig und sorgfältig vermengen. Mit dem restlichen Sirup und Sesam ebenso verfahren. Wenn der Karamell zu schnell fest wird, einige Minuten in den Ofen stellen, bis er wieder weich ist. Das Popcorn gleichmäßig auf den vorbereiteten Blechen verteilen und erkalten lassen. Hält sich bis zu 1 Woche.

Ergibt 2 mittlere Portionen.

AMARETTOPOPCORN

Wegen des Mandellikörs ist diese Knabberei nur etwas für Erwachsene.

ZUTATEN

- 120 g gesalzene Butter, plus etwas mehr zum Einfetten
- 2 Portionen fertiges Popcorn (s. Seite 7/8)
- 120 g gehackte Macadamianüsse
- 80 g brauner Zucker
- 100 ml Amaretto

ZUBEREITUNG

Den Backofen auf 130 °C vorheizen. Zwei Backbleche dünn mit Butter einfetten. Das Popcorn in eine große Schüssel geben und die Macadamianüsse untermischen.

Butter, Zucker und Amaretto in einem großen Topf unter häufigem Rühren sanft erhitzen, bis der Zucker sich aufgelöst hat. Die Hitze auf mittlere bis hohe Stufe erhöhen und den Karamell 3 Minuten kochen. Das Popcorn damit überziehen und alles vorsichtig und sorgfältig vermengen.

Das Popcorn gleichmäßig auf den vorbereiteten Blechen verteilen und im vorgeheizten Ofen 60 Minuten backen, dabei alle 20 Minuten wenden. Aus dem Ofen nehmen, nochmals wenden und erkalten lassen. Hält sich bis zu 5 Tage.

Ergibt 2 mittlere Portionen.

LIMONCELLO-POPCORN

Dieses schnell zubereitete, zitronig-frische Popcorn ist besonders raffiniert.

ZUTATEN

- 2 Portionen fertiges Popcorn (s. Seite 7/8)
- fein abgeriebene Schale von 1 Zitrone
- 1 TL Salz
- 3 EL gesalzene Butter
- 1 EL frisch gepresster Zitronensaft
- 2 EL Limoncello (italienischer Zitronenlikör)

ZUBEREITUNG

Das Popcorn in eine große Schüssel geben. Zitronenschale und Salz untermischen. Die Butter in einem mittelgroßen Topf langsam zerlassen. Zitronensaft und Limoncello unterrühren. Das Popcorn damit überziehen und alles sorgfältig vermengen. Vollständig erkalten lassen. Sofort servieren oder bis zu 4 Tage aufbewahren.

Ergibt 2 mittlere Portionen.

PISTAZIEN-SCHOKO-POPCORN

Vollmilchschokolade verleiht dieser knackigen Pistazien-Popcorn-Mischung einen zarten Schmelz.

ZUTATEN

- 75 g gesalzene Butter, plus etwas mehr zum Einfetten
- 2 Portionen fertiges Popcorn (s. Seite 7/8)
- 250 g Pistazienkerne
- 450 g Glukosesirup (s. Seite 9)
- 400 g gehackte Vollmilchschokolade

ZUBEREITUNG

Den Backofen auf 150 °C vorheizen. Eine große Auflaufform dünn mit Butter einfetten. Das Popcorn in eine große Schüssel geben und die Pistazien untermischen. Butter, Glukosesirup und Schokolade in einem großen Topf unter häufigem Rühren sanft schmelzen. Die Hitze auf mittlere bis hohe Stufe setzen und die Masse zum Kochen bringen. Sofort das Popcorn damit überziehen und alles vorsichtig und sorgfältig vermengen.

Das Popcorn gleichmäßig in der vorbereiteten Form verteilen und im vorgeheizten Ofen 45 Minuten backen, dabei alle 15 Minuten wenden. Aus dem Ofen nehmen und alle 10 Minuten vorsichtig wenden, bis das Popcorn erkaltet ist. Sofort servieren oder bis zu 5 Tage aufbewahren.

Ergibt 2 mittlere Portionen.

TIPP

Anstelle von Pistazien können Sie grob zerbröselte Erdnusscookies dazugeben; sie passen auch hervorragend zur Milchschokolade. Wenn Sie es fruchtig mögen, können Sie auch noch ein paar Rosinen zugeben.

GLITZERPOPCORN MIT HIMBEEREN

Die gefriergetrockneten Himbeeren sind für Farbe und fruchtigen Geschmack zuständig, während der Glitzerdekorzucker für etwas Glamour sorgt.

ZUTATEN

- 2 Portionen fertiges Popcorn (s. Seite 7/8)
- 500 g gefriergetrocknete Himbeeren (Bioladen oder Internetversandhandel)
- 350 g gehackte weiße Schokolade

Zum Garnieren
- Glitzerdekorzucker in Rosa (gut sortierter Supermarkt oder Internetversandhandel), zum Garnieren

ZUBEREITUNG

Zwei Backbleche mit Backpapier belegen.

Das Popcorn in eine große Schüssel geben. Die Himbeeren im Mixer fein mahlen, dann unter das Popcorn mischen.

Die Schokolade in einer hitzebeständigen Schüssel über einem Wasserbad schmelzen und glatt rühren. Nicht zu heiß werden lassen! Das Popcorn damit überziehen und alles vorsichtig und sorgfältig vermengen. Das Popcorn gleichmäßig auf den vorbereiteten Blechen verteilen, mit dem Dekorzucker bestreuen und erkalten lassen. Hält sich bis zu 4 Tage.

Ergibt 2 mittlere Portionen.

KIRSCH-MANDEL-POPCORN

Kirschen und Mandeln sind Zutaten, die sich nicht nur in dieser leckeren Popcornmischung ausgesprochen gut ergänzen.

ZUTATEN

- gesalzene Butter, zum Einfetten
- 2 Portionen fertiges Popcorn (s. Seite 7/8)
- 300 g Zucker
- 6 EL Glukosesirup (s. Seite 9)
- ¾ TL Essig
- ½ TL Salz
- einige Tropfen Bittermandelaroma
- 200 g Belegkirschen, geviertelt
- 60 g ganze abgezogene Mandeln, geröstet (s. Seite 9)

ZUBEREITUNG

Zwei Backbleche dünn mit Butter einfetten.

Den Backofen auf 150 °C vorheizen. Das Popcorn in eine große, hitzebeständige Schüssel geben und im Ofen warm halten. Zucker, Glukosesirup, Essig und Salz mit 400 ml Wasser in einem großen Topf auf niedriger Stufe zum Kochen bringen, bis das Zuckerthermometer 130 °C anzeigt. Das Mandelaroma unterrühren. Kirschen und Mandeln auf dem Popcorn verteilen, mit dem Sirup überziehen und alles vorsichtig und sorgfältig vermengen. Das Popcorn gleichmäßig auf den vorbereiteten Blechen verteilen und erkalten lassen. Hält sich bis zu 4 Tage.

Ergibt 2 mittlere Portionen.

KOKOSPOPCORN

Bei dieser Popcornmischung werden alle Kokosfans voll auf ihre Kosten kommen.

ZUTATEN
- 1½ Portionen fertiges Popcorn (s. Seite 7/8)
- 175 g Kokosflocken
- 400 g Zucker
- 150 ml Vollmilch
- 2 EL Glukosesirup (s. Seite 9)
- ¼ TL Salz
- einige Tropfen Vanillearoma
- rote Lebensmittelfarbe

ZUBEREITUNG
Zwei Backbleche mit Backpapier belegen.

Das Popcorn in eine große Schüssel geben und die Kokosflocken untermischen. Zucker, Milch, Glukosesirup und Salz in einem großen Topf unter häufigem Rühren sanft erhitzen, bis der Zucker sich aufgelöst hat. Die Hitze auf mittlere bis hohe Stufe erhöhen und den Sirup kochen, bis das Zuckerthermometer 110 °C anzeigt. Den Topf vom Herd nehmen und das Vanillearoma unterrühren. Mit ein wenig Lebensmittelfarbe rosa einfärben. Das Popcorn mit dem Sirup überziehen und alles mit einem Holzlöffel vorsichtig und sorgfältig vermengen. Das Popcorn gleichmäßig auf den vorbereiteten Blechen verteilen und erkalten lassen. Hält sich bis zu 4 Tage.

Ergibt 2 mittlere Portionen.

TIPP
Sie können die Lebensmittelfarbe an jede Gelegenheit anpassen. Wie wäre es also mit der Farbe des Lieblingsvereins zum Spitzenspiel?

DANKSAGUNG

Mein Dank geht an Andy von Andrew James in Bowburn in der Grafschaft Durham für die Lieferung meines Popcornautomaten und für seine große Hilfsbereitschaft, als er mir für ein anderes Buchprojekt freundlicherweise einen Halogenofen zur Verfügung stellte. Bedanken möchte ich mich auch bei Steve Lamb von MacDoctor in Winter Park, Orlando, der ein verloren geglaubtes Kapitel im Handumdrehen wiederherstellen konnte und mir so Wochen zusätzlicher Arbeit erspart hat. Wenigstens er kennt sich aus mit meinen Macs. Dank auch an meine wunderbare Tochter Carly für die Unterstützung des Redaktions- und Layoutteams bei der Entstehung dieses Buches. Sie alle haben eine tolle Arbeit geleistet. Ich danke meinem Mann, meinen Freunden und Nachbarn für ihren unstillbaren Appetit als Testesser.